La Numancia

European Masterpieces

Cervantes & Co. Spanish Classics Nº 33

General Editor: Tom Lathrop

La Numancia

Miguel de Cervantes

Edited and with Notes by

ALISON CAPLAN

and

BRYAN BETANCUR

Providence College

Cervantes & Co.

The publisher thanks Matthew Moore for his editorial assistance.

FIRST EDITION

MANUFACTURED IN THE UNITED STATES OF AMERICA

ISBN 978-1-58977-061-4

A RICHARD, ELIZABETH y CAROLYN,
mis fuerzas diestras

Table of Contents

Acknowledgments

First and foremost, we are extremely grateful to Tom Lathrop, founder and editor of the Cervantes & Co. series, for giving us the opportunity to contribute to this important project that aids nonnative Spanish speakers in their understanding and enjoyment of Spanish literature and culture. Throughout the editing process, Professor Lathrop's revisions and suggestions for the text were invaluable.

Professor Nuria Alonso-García, Associate Professor of Spanish at Providence College, provided hours of help graciously answering our linguistic questions and refining our translations. We very much appreciate her time and expertise.

Finally, we would like to thank the Spanish majors at Providence College for encouraging us to undertake this edition, an idea first proposed in a class on Golden Age Spanish Drama several years ago. A sabbatical leave generously granted by Providence College allowed for the completion of the final phase of the work.

Introduction to Students

The events depicted in *La Numancia*, all the savagery and daring set in verse by Miguel de Cervantes, have their roots in ancient history. The siege and destruction of Numantia (Numancia) in 133 B.C. marked the culmination of the Numantine, or Celtiberian, War in which Roman and Celtiberian forces had battled each for more than a decade. The Celtiberians were tribes of mixed Celtic and Iberian origins who settled in the northeastern part of the large plateau, known as the *meseta*, in the center of Spain. Arriving in the Iberian peninsula in the second century B.C., the Romans confronted resistance to their occupation, and historical accounts of the period highlight the prolonged and arduous conflict between the Romans and Celtiberians in particular. Numantia, a small city with only 8,000 fighting men, set in the hills of Celtiberia on the Duero river (near present day Soria) and protected by rocky terrain, became the symbol of Celtiberian heroism.

In his comprehensive history of Spain entitled *Corónica general de España* (1573),[1] Ambrosio de Morales describes the Numantine War as an important stage in the development of Spanish national identity. Morales refers to the Celtiberians as "nuestros Españoles" and thereby establishes a direct link between these earliest inhabitants of central Iberia and his 16th century Spanish contemporaries. Weaving together histories written at the time of the Roman Empire, Morales details the circumstances and people involved in the Numantine war and the clash of wills between the Roman Senate and the Celtiberian people that led ultimately to the (self) destruction of Numantia. It is widely accepted that Cervantes used Morales' history as a principal source for his play, drawing the general lines of the plot and sketching the main characters from the historical material found in the *Corónica*. Furthermore, Cervantes proposes, as does Morales, that Spain's future imperial domination rose out of the ashes of Numantia.

---

[1] *Corónica general de España que continuaba Ambrosio de Morales, cronista del rey nuestro señor don Felipe II*. Vols. 3-4. Madrid: Benito Cano. All references are to this edition and give volume and page number.

Morales traces the beginning of the war between the Romans and the Numantines back to the arrival in Spain in 153 BC of Quintus Fulvius Nobilior who was the Roman consul or highest civil and military leader in the Roman republic. Consul Fulvius Nobilior, along with 30,000 soldiers, was directed to conquer the Segedians, members of the Celtiberian tribe known as the Belli. According to Morales, the Segedians had justifiably rebelled against the arbitrary demands made of them by the Roman Senate, specifically, a prohibition against repairing the walls of their city and the mandatory conscription of their citizens into the Roman army. As the Roman legions advanced, the Segedians successfully ambushed them, killing thousands of men and taking refuge in the town of Numantia, home to another Celtiberian tribe, the Arevaci. In an attempt to avenge this strike, Fulvius Nobilior attacked Numantia with both infantry and elephants, but during the onslaught, the elephants became frightened and reversed course, trampling hundreds of Roman soldiers and forcing Fulvius Nobilior to retreat.

The Roman Senate responded to this disaster the following year (152 BC) by sending another consul, Marcus Claudius Marcellus, to replace Fulvius Nobilior. Through a rare combination of military and diplomatic skill, Claudius Marcellus secured a truce with the three tribes most hostile to the Romans: the Arevaci, who made up the majority of the Numantine population, the Titthi, and the Belli. Morales praises Claudius Marcellus' fair and moderate treatment of the enemy, noting the Roman consul's prudence in seeking an armistice with the aggressive Celtiberian tribes who fought only to preserve their fundamental right to bear arms and to protect their people and property.

The well crafted peace in Celtiberia did not endure. According to Morales, the Romans, in 151 BC, committed "gran traición... con crueldad increíble" (vol. 3: p. 347) by gathering together the unarmed Lusitanian tribe of western Iberia (present day Portugal) in an open field and brutally slaughtering its members. Years later, under their charismatic leader Viriathus (Bariato, in *La Numancia*), the surviving Lusitanians appealed for help from the Celtiberian tribes. The Celtiberian participation in the Lusitanian rebellion prompted Roman consul Quintus Pompeius to pursue a policy of ruthless retribution and to insist on the total disarmament of the Celtiberians despite repeated attempts by Numantine ambassadors to make amends with the Romans. Finally, "indignados pues ya con tanta afrenta y desden, [los Numantinos] determináron de tomar las armas..." (4: 4). From 141-134 BC, the Numantines regularly suppressed the advances of the much more numerous Roman army by taking full advantage of their strategically situated city and the dwindling reserves and morale of their opponents. Peace was negotiated and broken "injustamente" by a series of Roman captains driven by "ambicion de gloria y fama" (4:17) who sparked new wars in Celtiberia despite devastating Roman losses.

By 134 BC, the Numantine victories left the Romans so terrified that "no había soldado Romano que osase esperar, en oyendo una voz de un Numantino, ó en viéndole venir" (4: 27). Believing he was the only man who could subdue the Numantines, the Roman Senate elected Scipio Aemilianus Africanus (Escipión) as consul for an unprecedented second term because of the incomparable reputation he had acquired from his conquest of Carthage in 146 BC. In Spain, Scipio surrounded himself with a cohort of noblemen, including the Roman general, Gaius Marius (Mario), Scipio's older brother, Quintus Fabius Maximus (Quinto Fabio), and Jugurtha, (Jugurta), the son of the North African king of Numidia, all of whom figure as characters in *La Numancia*.

Scipio concentrated his efforts on restoring strict discipline within the Roman army which had succumbed to idleness and vice following years of demoralizing defeats and ineffectual leadership. This is the situation as *La Numancia* opens: Scipio expels the merchants, cooks, pack animals and the approximately 2000 prostitutes who shared the camp with the soldiers. The men are prohibited from sleeping on beds and riding on horseback and are required to dig ditches and walk around covered in mud. Morales comments that "con esto y otras grandes industrias [Scipión] hizo volver á su campo la templanza y buena orden de vivir" (4: 32).

As is faithfully mirrored in Cervantes' play, the Numantines offered to submit to Scipio's rule, requesting only that the celebrated Roman general extend to them the same clemency that the Romans had received from the Numantines earlier in the war. Scipio, scornfully and "sin ninguna piedad" (4: 43) would accept nothing less than unconditional surrender and total disarmament. Unable to live in a situation of absolute defenselessness and vulnerability, the Numantines were determined to die fighting for their freedom. As Morales repeatedly notes, however, the Romans, in Scipio's judgment, could never match the Numantines in courage and strength. Scipio, therefore, adopted a military strategy based on avoiding direct engagement with the Numantines. Rather than confront the Numantine forces, Scipio ordered that the fields around Numantia be burned and the city blockaded so that the citizens would be shut off from all food and supplies. He directed his troops to excavate and patrol ditches, completely surrounding the city and additionally, insisted on the construction of a wall 10 feet tall and 5 feet wide: "Asi fué Scipion el primer Capitan que cercó de muro la ciudad que tenia cercada con exército" (4: 39). Furthermore, the Romans used spikes and spear-heads protruding from large logs to obstruct the passage of boats and swimmers on the Duero River, the Numantines' only remaining line of communication.

Refusing to succumb passively to hunger, the Numantines attempted to settle their differences on the battlefield, but again and again Scipio rejected their offers to fight "como quien tenia ya segura la victoria sin sangre, y habia temido siempre el pelear con los Numantinos" (4: 43). As a last resort, abandoned by neighboring tribes and relying on cannibalism for survival, the Numantines, led by prominent citizens Theogenes (Teogenes) and Rhetogenes Caravino (Caravino), resolved to burn all of their possessions and commit collective suicide. Morales notes a source that claimed that, in the end, some Numantines survived and were taken as captives to Rome as proof of Scipio's triumph. Nonetheless, Morales states that he is more persuaded by other reports that insist that the Romans could not find one Numantine alive. Not surprisingly, Cervantes chooses to dramatize in *La Numancia* the affecting conclusion that Morales adopts: "Así pereció muerta con sus manos, nunca vencida la señalada entre todas las del mundo ciudad de Numancia, no pudiendo decir Scipion con verdad que la venció por su esfuerzo y fuerza de los suyos, sino quando mucho, que con su perseverancia hizo que Numancia destruyese á sí mismo" (4: 45).

SIXTEENTH-CENTURY SPAIN ON THE STAGE

It is unclear whether plays, like *La Numancia*, that Miguel de Cervantes wrote early in his writing career in the mid-to-late 1580s, were well received or performed often. The renown that he won in 1605 with the publication of his novel *Don Quijote* eclipsed any prior literary success that he had achieved. Cervantes noted wryly that his plays did not cause "uproar, shouts or the throwing of cucumbers."[2] However by the turn of the 17th century, Lope de Vega had emerged as the playwright of choice for Spanish audiences. Lope's *Arte nuevo de hacer comedias en este tiempo* (*New Art of Writing Plays in Our Time*, 1609) detailed his winning artistic formula and quickly became the definitive guidebook for the creation of Spanish

---

[2] The quote is an abbreviation of the following comment taken from the *Prólogo al lector* of Cervantes' *Ocho comedias y ocho entremeses* (*Eight Plays and Eight Interludes*) published in 1615: "... todas ellas se recitaron sin que se les ofreciese ofrenda de pepinos ni de otra cosa arrojadiza; corrieron su carrera sin silbos, gritas ni barahundas."

drama, embraced by other talented contemporaries like Tirso de Molina and Pedro Calderón de la Barca. Lope's "new art" diverged from many of the rules of classical theater. Lope focused on satisfying the public's desire for plots that offered exciting intrigue and identifiable character types and reflected popular cultural values and everyday language. He was a gifted poet, an expert craftsman and a prolific writer, often turning out a play a week.

In *Don Quijote*, Cervantes criticizes Lope for the commercialism of Spanish theater: "plays which should be mirrors of human life, patterns of manners and images of truth are mirrors of absurdity, patterns of nonsense and images of lasciviousness."[3] For his part, Cervantes sought to reproduce historically accurate situations and infuse his plays with a seriousness and high moral tone. Ultimately, however, because he did not meet the demands of the evolving theatrical world, he never garnered the respect he felt he deserved as a playwright.

Nonetheless, despite their differing aesthetic priorities and stylistic concerns, both Cervantes and Lope, as well as other writers of the 16th and 17th centuries, produced national dramas that subtly expose the psychology of the time and the preoccupations of a society in flux. This was the Spanish *Siglo de Oro*, a period in which Spain was a dominant military and economic power in the world yet overextended in wars on several continents and rent by class and religious conflict at home. For students of Spanish history and literature, Golden Age Spanish theater is an invaluable source for recapturing not only the triumphs and patriotism of the era but also the divisiveness and unease of a people faced with changing socio-political realities.

In *La Numancia*, Cervantes boldly explores opposing views on a very controversial issue of the day: the military expansion of empire. Scipio embodies the philosophy and strategy for the war from the colonizer's perspective. Demoralized by the native peoples' repeated rebellions against its rule, the imperial power pursues an extreme tactic devised to defeat the enemy once and for all. Conceding that the undermanned Numantines are more brazen fighters than the Romans, Scipio skillfully prepares an impenetrable siege of the town designed to pen the enemy in,

---

[3] In *Don Quijote* (1605), chapter 48, the priest Pero Pérez complains: "... porque habiendo de ser la comedia... espejo de la vida humana, ejemplo de las costumbres e imagen de la verdad, las que ahora se representan son espejos de disparates, ejemplos de necedades e imágenes de lascivia."

force surrender and limit Roman casualties. For Scipio, discipline, foresight and astuteness are far more necessary than raw courage and heroism in achieving a military victory. By using language like "good judgment" (*cordura*, in *La Numancia*), "unbearable" (*duro*), "ingenuity" (*industria*), and "legitimate" (*justo*) to describe the aggressor Romans, Cervantes delineates a brutally efficient colonial policy that is based on pragmatic decision making and an absolute standard of justice.

The Numantines, on the other hand, possess uncommon valor (*esfuerzo*), rash boldness (*brío*) and an independent spirit (*ánimo*), character traits that terrify the Romans. Fear of the native inhabitants often led to truces that resulted in favorable conditions and some autonomy for the colonial province. In the play, the Numantines seek just this kind of arrangement from Scipio when they sue for peace and offer him their friendship and submission. The Roman consul's punitive measures and callous rejection of their offer of political allegiance is a direct affront to the Numantines' dignity. Scipio's blockade of the town succeeds in caging them in, leaving no opportunity to fight nobly for their freedom. Their desperation, interpreted as barbarous frenzy (*bárbaro furor suyo*) by the Romans, drives the Numantines to commit collective suicide, an act which is as hauntingly gruesome as it is truly honorable.

Several critics (Armstrong-Roche, de Armas, King, Simerka, in the Selected Bibliography) have found the Numantines' struggle against a foreign conquering army analogous to the clash between the native peoples of the New World and the Spanish conquistadors. Specifically, the impassioned spirituality and communal values staged in Act II of *La Numancia* recall those of the Araucan Indians of Chile, portrayed in the 16th century epic poem *La Araucana* by Alonso de Ercilla. Like Cervantes, Ercilla praises the defeated tribe's love of liberty and supreme virtue, implicitly calling into question the morality of imperial conquest. Other scholars (Johnson, Maglione) have identified the siege of Numantia with the sieges of Haarlem in 1572-73, Leyden (1574) and the sacking of Antwerp (1576), that occurred during the Spanish wars in Flanders. The Spanish troops, like the Romans in the play, watched in bewildered admiration as the besieged in Haarlem and Leyden defiantly held out, despite suffering extreme starvation.

These literary and historical parallels strongly suggest that, in the play, Cervantes' Spain is reflected as much in the values of the dominating Roman army as in the values of the resistant Numantines. The ideal of Roman power widely promoted by the royal propaganda of the period is examined critically in *La Numancia* (Avalle-Arce) and found to be in many respects morally deficient (Zimic). By equating the 16th century with ancient Roman history, Cervantes reveals that the great Spanish empire, with its origins in the heroism of Numantia, also has emulated Roman brutality. In true Cervantine style, the play's ending, both tragic and hopeful, is provocatively ambiguous.

NOTES ON GRAMMAR IN GOLDEN AGE SPANISH DRAMA

Despite being written in the 16th century, *La Numancia* is very accessible to the 21st century reader. It is often possible to discern the modern equivalent of archaic word and grammatical forms, but to avoid any confusion, these forms are glossed the first time they occur in the play. Below is a summary of the linguistic practices common in Cervantes' time and found in *La Numancia*.

ARTICLES

1) The masculine definite article *el* was used more broadly with feminine nouns than it is today, where it appears only before words that begin with a stressed *a* or *ha* (e.g., *el alma, el hambre*). *El espada desnuda* is mentioned in the stage directions of Act IV.

2) The feminine indefinite article *una* was often shortened to the masculine form: *un hora* (v. 1485). Note also *algún hora* (v. 1434).

PRONOUNS

1) Object pronouns:

a. It was not unusual for object and reflexive pronouns to be attached to conjugated verbs instead of preceding them. For example, (v. 30) *harélo = lo haré*, (v. 33) *Séte decir =Sé decirte*, and *míranse los soldados= se miran los soldados* in the stage directions of Act I.

b. The object pronoun, normally appended to the affirmative command, may precede it. Below, *le convierte= conviértelo*:

vv. 1940-43   El hierro duro, el brazo belicoso
                  contra mí, buen soldado, **le convierte**
                  deja vivir a quien la vida agrada,
                  y quítame la mía, que me enfada.

c. The indirect object pronoun *le* often was used in place of *lo* to refer to things as in the example above and in v. 804 where *le=lo*:

El fuego no **le** hagáis vos en el suelo

2) Relative pronouns:
a. *Cual* functions as the equivalent of the adverb *como* in the play:

vv. 335-36   Haced todos **cual** yo; veréis que hago
                  Tal obra, con que a todos satisfago.

b. *Quien* was used indiscriminately to describe a person or a thing as well as the plural forms of both. In the following example, *quien= la que* and refers back to *la ocasión*:

vv. 525-26   Sírvate esto de alivio en la pesada
                  ocasión, por **quien** lloras tan de veras

3) Subject pronouns
In general, *vos* and *tú* were interchangeable as forms of address between social equals. The verb form for the singular *vos* was the same as the modern day plural form of *vosotros*. In the following dialogue, Marandro and Lira alternate between the two pronouns:

vv. 1860-63   Y pues en tormenta y calma
                       siempre has sido mi señora,
                       ¡recibe este cuerpo agora,
                       como recibiste el alma!

vv. 1864-67   ¡Marandro, dulce bien mío!
                       ¿Qué sentís, o qué tenéis?
                       ¿Cómo tan presto perdéis
                       vuestro acostumbrado brío?

SPELLING
1) Assimilation was when the *r* of an infinitive adapted to the adjacent *l* of an attached third person object pronoun. It was used as a way to facilitate rhyme between verses. In vv. 804-9, *encendello* (instead of *encenderlo*) rhymes with *cuello* and *ello*:

El fuego no le hagáis vos en el suelo,
que aquí viene brasero para ello,
que así lo pide el religioso celo.

Lavaos las manos y limpiaos el **cuello.**
Dad acá el agua. ¿El fuego no se enciende?

No hay quien pueda, señores, **encendello.**

2) Contractions in addition to the modern day *del* were very common in the period: *quel= que el, de ella=della, destos=de estos.*

3) Metathesis involves changing the order of letters in a word to ease pronunciation. The *dl* sound that results when the *vosotros* command combines with an object pronoun is awkward in Spanish and was altered regularly in Cervantes' day. Therefore, *dadles* is *daldes* in the play, *ponedlo* is *poneldo*, etc.

4) Simplification of the Latin forms of certain learned, literary words (*cultismos*) was standard. Examples in *La Numancia* are *vitoria* (*victoria*), *imenso* (*inmenso*), *disinio* (*designio*).

5) Variations of many recognizable words are found throughout the play. For example, *ansí* for *así, cualquer* for *cualquiera, do* for *donde, escuro* for *oscuro, priesa* for *prisa, quies* for *quieres, siguro* for *seguro.* Note also that demonstrative adjectives like *esta* and *ese* appear as *aquesta* and *aquese.*

VERBS
1) *Haber* appeared in many forms in Golden Age texts.
a. *Habemos = hemos* and *han =tienen* in *La Numancia.*

b. The construction *haber de* (*ha de, has de, he de*) + INFINITIVE is not used generally but is often found in literature to suggest a future action *-ir a-* and at times to mean, more specifically, the need to do something *-tener que.* The first example below reflects a simple future while the second implies necessity.

vv. 319-20   Pienso de un hondo foso rodeallos,

y por hambre insufrible **he de acaballos**.

vv. 713-16   Al tiempo que del dios Marte
                       has de pedir el favor
                       ¿te entretienes con amor,
                       quien mil blanduras reparte?

2) *Ser* was used as an auxiliary verb in Cervantes' time until it was replaced gradually by *haber*: *era venido* (v. 743) = *había venido, ¿A do sois idos?* (v. 1011) = *¿A dónde habéis ido?*

3) The construction *tener que* often appears in the play as *tener de*.

4) The singular form of the verb was used with plural subjects that were considered similar in kind to each other. In the example that follows the two weapons *el almete* (helmet) and *la acerada punta* (sword) are viewed as a unit and correspond to the singular verb *atierra* (destroys):

vv. 97-98   ¿Pensáis que sólo atierra la muralla
                       el almete y la acerada punta

5) The vosotros form of the preterite often ended in *−astes* and *−istes* (e.g., *hicistes* and *nacistes*) instead of the modern endings *−asteis* and *−isteis*.

6) Uses of the subjunctive:
a. The future subjunctive, which is rarely used today, was commonplace in Golden Age plays. It resembles the imperfect subjunctive except that it ends in an *e* and not an *a*: e.g. *hiciere, fuere* or *acabare*. It appeared in *si* clauses that expressed future actions (the present indicative is now used) and after conjunctions of time like *cuando* and relative pronouns like *el que, lo que* (today the present subjunctive is required):

vv. 1159-60   quiere, si tú **quisieres**, acaballa
                       con una breve y singular batalla.

vv. 293-94   Pero entonces verás lo que podremos
                       cuando nos muestres tú lo que **pudieres**

b. The imperfect subjunctive was used often instead of the conditional tense. In the example below *fuera=sería*:

vv. 337-42   Valeroso señor y hermano mío,
                    bien nos muestras en esto tu cordura;
                    pues **fuera** conocido desvarío
                    y temeraria muestra de locura
                    pelear contra el loco airado brío
                    destos desesperados sin ventura.

c. When *porque* was equivalent to *para que*, the subjunctive followed as in

vv. 1177-78   **Porque** a la ejecución **se venga** luego,
                    respóndeme, señor, si estás en ello.

AN OVERVIEW OF SPANISH VERSIFICATION
Like all Spanish drama of the 16th and 17th centuries, *La Numancia* was
written in verse, and below is an explanation of the basic rules of Spanish
poetry.

LINE SCANSION
Spanish lines of poetry are called *versos*, and line scansion refers to the
process of scanning or counting the number of syllables in a line of verse
to determine its meter or rhythmic pattern. The two types of *versos* found
in *La Numancia* are those with eight syllables (*verso octosílabo*) and eleven
syllables (*verso endecasílabo*).

    There are several rules to keep in mind when scanning a *verso* in order
to arrive at the correct number of metrical syllables in that line of verse.
These include identifying (1) the last word in the verse as either *llano*,
agudo, or *esdrújulo*; (2) the vowels that form a diphthong; (3) the use of
syneresis and synalepha; as well as (4) the presence of hiatus and dieresis.

1) The location of the stressed syllable in the last word of a verse
determines if a particular *verso* is *llano*, *agudo* or *esdrújulo*, and therefore, how
many syllables, if any, need to be added to or removed from a verse to keep
proper meter. Natural Spanish metrical rhythm is based on the *verso llano*,
a line of verse that ends with a *palabra llana*, a word that is stressed on the
next-to-last (penultimate) syllable. Consequently, if a verse ends with a
word stressed after the penultimate syllable (*palabra aguda*), a syllable must
be added to make it resemble a *palabra llana* while a word whose stress

comes before the penultimate syllable (*palabra esdrújula*) must have a syllable removed for the same reason.

a. Examples of a *verso llano* in *La Numancia* are (the slashes indicate the distinct syllables in the verse):

v. 13   El/ es/fuer/zo/ re/gi/do/ con/ cor/**du**/ra   11 syllables

v. 661   Más/ hon/ra/ tu/ va/lor/ cla/ro/ me/**re**/ce   11 syllables

Cordura and *merece* are *palabras llanas*, words whose stress is on the penultimate syllable. *Palabras llanas* can end in the consonants "n" or "s," a vowel, or carry on accent mark on the penultimate syllable.

b. Examples of a *verso agudo* from *La Numancia* are:

v. 1357   ¡Nu/man/ti/nos/ li/ber/**tad**!   7 + 1 = 8 syllables

v. 1504   de/ ham/bre/ no/ mo/ri/**rás**   7 + 1 = 8 syllables

Libertad and *morirás* are *palabras agudas*, words with the stress on the final syllable. *Palabras agudas* end in a consonant other than "n" or "s" or carry accent marks on the last syllable. When reciting a *verso agudo*, a silent beat is inserted at the end of the verse, creating, in effect, an additional syllable after the final stressed sound.

c. Finally, an example of the rarest verse form, the *verso esdrújulo*, is taken from Cervantes' *La Galatea* (1585) because there are no *versos esdrújulos* in *La Numancia*. Here Cervantes praises a contemporary poet, Bartolomé Cairasco de Figueroa, for the power of his love poetry:

> Tú, con nueva musa extraordinaria,
> Cai/ras/co/, can/tas/ del/ a/mor/ el/ **á**/ni/mo   12– 1= 11 syllables
> Y aquella condición del vulgo varia
> donde se opone al fuerte el pusilánimo

Ánimo and *pusilánimo* are *palabras esdrújulas*, words that carry an accent mark on their antepenultimate syllable (the third-to-last syllable). In a *verso esdrújulo,* the syllable that comes immediately after the accented syllable is eliminated from the syllabic count.

2) A diphthong (*diptongo*) is the combination of two different vowels that are pronounced together as a single syllable. Diphthongs are made up of one strong or louder vowel —"a," "e," "o"—and one weak vowel— "i" and "u"—or formed from two weak vowels. The strong vowel of the diphthong is the only one that counts when rhyming and if the diphthong consists of two weak vowels, only the second forms part of the rhyme. In the example below, notice how *cubierta* and *puerta* reflect consonant rhyme because they share the same strong vowel, *e,* despite having different weak vowels.

vv. 217-20   ja/más/ la/ fal/se/dad/ vi/no/ cu/**bier**/ta   11 syllables
                    tanto con la verdad, que no mostrase
                    al/**gún**/ pe/que/ño in/di/cio, al/gu/na/ puer/ta   11 syllables
                    por donde su maldad se entestiguase.

3) Syneresis (*sinéresis*) is the blending of two vowels that are not a diphthong and are normally pronounced as two separate syllables into one syllable. In the verse below, there is syneresis or the contraction of the vowels *ea* in the word *veas*. However, in other verses of the play, *vea* is pronounced with two syllables. The pronunciation varies depending on the meter requirements for each verse.

v. 427   an/**sí** en/ tus/ a/guas/ siem/pre/ **veas**/ en/vuel/tas

4) Synalepha (*sinalefa*) refers to the union of two or more consecutive vowels that are found in successive words. Synalepha reflects the way Spanish is naturally spoken and is considered normal in Spanish poetry. These initial verses of the play are identical in length because of the two examples of synalepha in v. 2:

vv. 1-2   Es/ta/ di/**fí**/cil/ y/ pe/sa/da/ car/ga   11 syllables
                que el/ Se/na/do/ ro/ma/no/ **me ha en**/car/ga/do   11 syllables

5) Hiatus (*hiato*) is the opposite of synalepha and creates a forced pause between vowels found in adjacent words. It occurs when the vowels *y, o,* or *u* are located between two other vowels as in the following:

v. 2409   Que/ fue/ra/ vi/**va**/ **y** en/ su/ ser/ Nu/man/cia,   11 syllables

6) Dieresis (*diéresis*) involves the artificial separation of a diphthong and
   is used at the discretion of the poet for meter purposes:

v. 202   cre/ce/ ya/ des/de/ hoy/ mi/ con/**fi**/**an**/za   11 syllables

SYLLABIC ARRANGEMENT WITHIN VERSES
In addition to identifying the stressed syllable in the last word of a verse,
it is also important to recognize that within each line of verse there exists
a pattern of stressed and unstressed syllables. Therefore, if vv. 385-86

> Numancia es la que agora **sola** ha sido
> quien la luciente espada **sacó fuera**

were changed only slightly to read

> Numancia **sola** es la que agora ha sido
> quien **sacó fuera** la luciente espada

the harmony within each verse created by the arrangement of syllables
would be broken even though the total number of syllables in each verse
would remain the same.

Often, though, making sense of Renaissance Spanish poetry requires
that the reader rearrange word order. It is a challenging but enjoyable
exercise. There is never a need to add additional words but frequently a
complete sentence relies on words moved around in a verse or verses.

RHYME
There are two types of rhyme in Spanish: assonant or half rhyme (*rima
asonante*) in which only vowels are the same and the consonants differ, and
consonant or perfect rhyme (*rima consonante*) in which both vowels and
consonants are identical.

1) Assonant rhyme occurs when words at the end of verses share the same
   stressed vowel and any unstressed vowel that follows. There is no
   assonant rhyme in *La Numancia*.
2) Consonant rhyme occurs when the stressed vowel and all subsequent

vowels and consonants are the same in the last words of verses. *La Numancia* is composed of consonant rhyme:

vv. 2417-20

>Vaya mi clara voz de gente en gente,
>y en dulce y suave son, con tal sonido
>llene las almas de un deseo ardiente
>de eternizar un hecho tan subido.

3) In addition to assonant and consonant rhyme, it is also possible for some verses to have no rhyme at all. This is called blank verse (*versos sueltos*), and Cervantes employs this form only once in *La Numancia* in vv. 2184-2257 when the Romans describe the deadly silence in the aftermath of the collective suicide in Numantia. While there is no rhyme, blank verse contains an inner harmony due to the location of stressed and unstressed syllables in the verses.

STANZA FORMS

A variety of regular stanza forms are created by arranging a set number of verses of specific lengths and rhyme patterns. In *La Numancia*, depending on the situation, characters and setting, Cervantes alternates between *octavas reales*, *redondillas*, *tercetos*, and *cuartetos*.

1) *Octavas Reales* are stanzas of eight *versos endecasílabos* that have consonant rhyme and follow the rhyme scheme ABABABCC (the letters are capitalized because the stanza is composed of *versos de arte mayor*, verses that have more than eight syllables in them). The *octava real* is characteristic of epic and mythological poetry and is the most common stanza form in *La Numancia*. Dominating the work, the *octava real* reflects the heroic grandeur of the themes of noble leadership, tragic destiny, and self sacrifice expressed throughout the play. *Escipión*'s opening *octava real* sets a commanding tone:

vv. 1-8

Esta difícil y pesada carga	(A)
que el Senado romano me ha encargado	(B)
tanto me aprieta, me fatiga, y carga	(A)
que ya sale de quicio mi cuidado.	(B)
De guerra y curso tan extraña y larga	(A)
y que tantos romanos ha costado,	(B)
¿quién no estará suspenso al acaballa?	(C)

¡Ah! ¿Quíen no temerá renovalla?   (C)

2) *Redondillas* are stanzas of four *versos octosílabos* that have assonant or
consonant rhyme and follow the rhyme scheme abba (the letters are
not capitalized because the stanza is written in *versos de arte menor*,
verses with eight syllables or less). Stanzas of shorter metrical length
like the *rendondilla* serve to change the focus from the large, collective
action described in the *octava real* to dialogues that highlight more
personal dramas between friends and lovers. The following is an
example of one of many moving *redondillas* between Marandro and
Lira:

vv. 1458-61   No vayas tan de corrida,   (a)
                     Lira; déjame gozar   (b)
                     del bien que me puede dar   (b)
                     en la muerte alegre vida.   (a)

3) *Tercetos* are stanzas of three *versos endecasílabos* with consonant rhyme
and a rhyme scheme of ABA. When several *tercetos* are used
consecutively, the rhyme scheme typically followed is ABA, BCB,
CDC, etc. This is an example of the melodious arrangement that a
series of *tercetos* creates:

vv. 2258-66   En balde, ilustre general prudente   (A)
                     han sido nuestras fuerzas ocupadas   (B)
                     En balde te has mostrado diligente   (A)
                          pues en humo y en viento son tornadas (B)
                     Las ciertas esperanzas de vitoria   (C)
                     de tu industria contino aseguradas.   (B)
                          El lamentable fin la triste historia, (C)
                     de la ciudad invicta de Numancia   (D)
                     merece ser eterna la memoria;   (C)

4) *Cuartetos* are stanzas of four *versos octosílabos* or *endecasílabos* with
consonant rhyme and a rhyme scheme of ABAB. The *cuartetos* serve
primarily in *La Numancia* to conclude a matter forcefully and transition
to the next.

vv. 2180-83   Bien dices; y camina, que se tarda   (A)

el tiempo de morir como deseo. (B)
¡Ora me mate el hierro, o el fuego me arda, (A)
que gloria y honra en cualquier muerte veo! (B)

When reading the play, be aware that each stanza is indented. The *versos sueltos* (vv. 2184—2257) with no rhyme scheme form a single stanza. Also, a broken verse is one that is divided among two, sometimes three, speakers but is considered only one line of verse. For example, verse 2221 includes both of these remarks and is presented graphically in this way:

ESCIPIÓN: ¿Que no hay ninguno vivo?
MARIO: ¡Ni por pienso!

METRICAL OUTLINE OF *LA NUMANCIA*

VERSE FORM	RHYME SCHEME	VERSES
JORNADA I		
Octavas Reales	ABABABCC	1-48
Redondillas	abba	49-56
Octavas Reales	ABABABCC	57-536
JORNADA II		
Octavas Reales	ABABABCC	537-680
Redondillas	abba	681-788
Tercetos	ABA, BCB, CDC, etc.	789-902
Cuarteto	ABAB	903-906
Redondillas	abba	907-938
Tercetos	ABA, BCB, CDC, etc.	939-960
Octavas Reales	ABABABCC	961-1088
Redondillas	abba	1089-1112
JORNADA III		
Octavas Reales	ABABABCC	1113-1232
Tercetos	ABA, BCB, CDC, etc.	1233-1301
Cuarteto	ABAB	1302-1305
Redondillas	abba	1306-1401
Octavas Reales	ABABABCC	1402-1457
Redondillas	abba	1458-1573
Tercetos	ABA, BCB, CDC, etc.	1574-1627
Cuarteto	ABAB	1628-1631

Octavas Reales	ABABABCC	1632-1687
Redondillas	abba	1688-1731
Octava Real	ABABABCC	1732-1739

JORNADA IV

Octavas Reales	ABABABCC	1740-1795
Redondillas	abba	1796-1935
Octavas Reales	ABABABCC	1936-2063
Cuarteto	ABAB	2064-2067
Octavas Reales	ABABABCC	2068-2115
Redondillas	abba	2116-2139
Octavas Reales	ABABABCC	2140-2179
Cuarteto	ABAB	2180-2183
Versos Sueltos		2184-2257
Tercetos	ABA, BCB, CDC, etc.	2258-2356
Cuarteto	ABAB	2257-2360
Octavas Reales	ABABABCC	2361-2448

NOTES ON THIS EDITION

For this student edition of *La Numancia*, we used the version of the play found in the excellent anthology, *Diez comedias del Siglo de Oro*, edited by José Martel and the late Hymen Alpern and revised by Leonard Mades (Illinois: Waveland Press, 1985). The Martel and Alpern text is based in large part on the manuscript of the play located in the Biblioteca Nacional in Madrid.

In addition to the Martel and Alpern edition, we consulted the annotated editions by Alfredo Hermenegildo (Madrid: Castalia, 1994) and Robert Marrast (Madrid: Cátedra, 1984). The English translations by Roy Campbell (in *Life is a Dream and Other Spanish Classics*, ed. Eric Bentley, New York: Applause Books, 1959) and Gordon Willoughby James Gyll (in *The Voyage to Parnassus; Numantia, A Tragedy; The Commerce of Algiers by Miguel de Cervantes*, London: Murray, 1870) also served as important guides.

The most essential resource that we relied on consistently was the 17th century dictionary *Tesoro de la lengua castellana o española* by Sebastián de Covarrubias Horozco (Madrid: Iberoamericana, 2006). Other very useful dictionaries were the modern on-line Spanish-Spanish dictionary produced by the Real Academia Española, www.rae.es, and the Spanish-English/English-Spanish dictionary at www.dict4.com.

Selected Bibliography

Armstrong-Roche, Michael. "Imperial Theater of War: Republican Virtues Under Siege In Cervantes's *Numancia.*" *Journal of Spanish Cultural Studies* 6.2 (2005): 185-203.

———. "(The) *Patria* Beseiged: Border-Crossing Paradoxes of National Identity in Cervantes's *Numancia.*" *Border Interrogations: Questioning Spanish Frontiers*, eds. Benita Sampedro Vizcaya and Simon Doubleday. Oxford: Berghahn Books, 2008. 204-27.

Avalle-Arce, Juan Bautista. "'*La Numancia*'. Cervantes y la tradición histórica." *Nuevos deslindes cervantinos.* Barcelona: Editorial Ariel, 1975. 247-75.

de Armas, Frederick A. *Cervantes, Raphael, and the Classics.* Cambridge: Cambridge UP, 1998.

Johnson, Carroll B. "*La Numancia* and the Structure of Cervantine Ambiguity." *Ideologies & Literature* 3 (1980): 75-91.

King, Willard F. "Cervantes' *Numancia* and Imperial Spain." *Modern Language Notes* 94.2 (1979): 200-21.

Maglione, Sabatino G. "Amity and Enmity in Cervantes's *La Numancia.*" *Hispania* 83.2 (2000): 179-88.

Simerka, Barbara A. "'That the rulers should sleep without bad dreams': Anti-Epic Discourse in *La Numancia* and *Arauco domado.*" *Cervantes* 18.1 (1998): 46-70.

Zimic, Stanislav. "Visión política y moral de Cervantes en *Numancia.*" *Anales cervantinos* 18 (1979-80): 107-50.

La Numancia

Personas y Figuras

ESCIPIÓN, *romano.*

JUGURTA, *romano.*

CAYO MARIO, *romano.*

QUINTO FABIO, *romano.*

CAYO, *soldado romano.*

Cuatro SOLDADOS *romanos.*

Dos NUMANTINOS, *embajadores.*[1]

ESPAÑA.

El río DUERO.

Tres MUCHACHOS *que representan riachuelos.*[2]

TEÓGENES, *numantino.*

CARAVINO, *numantino.*

Cuatro GOBERNADORES *numantinos.*

MARQUINO, *hechicero*[3] *numantino.*

MARANDRO, *numantino.*

LEONICIO, *numantino.*

Dos SACERDOTES *numantinos.*

Un PAJE[4] *numantino.*

Seis PAJES *más, numantinos.*

Un HOMBRE *numantino.*

MILBIO, *numantino.*

Un DEMONIO.

Un MUERTO.

Cuatro MUJERES *de Numancia.*

LIRA, *doncella.*

Dos CIUDADANOS *numantinos.*

Una MUJER *de Numancia.*

Un HIJO *suyo.*

Otro HIJO *de aquélla.*

Un MUCHACHO, *hermano de* LIRA.

Un SOLDADO *numantino.*

La GUERRA.

La ENFERMEDAD.

El HAMBRE.

La MUJER *de* TEÓGENES.

Un HIJO *suyo.*

Otro HIJO *y una* HIJA *de* TEÓGENES.

SERBIO, *muchacho.*

BARIATO, *muchacho, que es el que se arroja de la torre.*

Un NUMANTINO.

ERMILIO, *soldado romano.*

LIMPIO, *soldado romano.*

LA FAMA.

---

[1] **Embajadores** *messengers*

[2] **Riachuelos** *streams*

[3] **Hechicero** *sorcerer*

[4] **Paje** *servant*

Jornada Primera

Entra ESCIPIÓN, *y* JUGURTA, *y* MARIO, *y*
QUINTO FABIO, *hermano de* ESCIPIÓN, *romanos.*

ESCIPIÓN:	Esta difícil y pesada carga°	burden
	que el Senado romano me ha encargado,	
	tanto me aprieta,° me fatiga y carga,	constrains
	que ya sale de quicio mi cuidado.[5]	

5

De guerra y curso tan extraña y larga[6]
y que tantos romanos ha costado,
¿quién no estará suspenso° al acaballa?[7]   perplexed
¡Ah! ¿Quién no temerá de renovalla?

JUGURTA: ¿Quién, Cipión?° Quien tiene la ventura,°   Escipión, good for-

10   el valor, nunca visto, que en ti encierras,   tune
pues con ella y con él[8] está segura
la vitoria° y el triunfo destas° guerras.   victoria, de estas

ESCIPIÓN: El esfuerzo regido con cordura[9]
allana° al suelo las más altas sierras,   levels

15   y la fuerza feroz de loca mano
áspero vuelve lo que está más llano;[10]
      mas° no hay que reprimir,° a lo que veo,   but, contain

---

[5] **Sale de…** *my attention is disturbed*
[6] **De guerra… guerra larga de curso tan extraño**
[7] **Acaballa = acabarla.** The **-r** of the infinitive was often assimilated into the
l- of the object pronoun. There are numerous examples of this form in the play.
[8] **Con ella [la ventura] y con él [el valor]**
[9] **El esfuerzo…** *valor guided by good judgment*
[10] **Y la…** *and the wild man's fierce courage turns rough what is smoothest*

    la furia del ejército presente,
    que, olvidado de gloria y de trofeo,

20   yace embebido en la lascivia ardiente;[11]
    y esto sólo pretendo,° esto deseo: I intend
    volver a nuevo trato nuestra gente,[12]
    que, enmendando° primero al que es amigo,   correcting
    sujetaré más presto al enemigo.

25   ¡ Mario!

MARIO: ¿Señor?

ESCIPIÓN: Haz que a noticia venga
    de todo nuestro ejército, 'en un punto,°   immediately
    que, sin que estorbo° alguno le detenga,   obstacle
    parezca° en este sitio todo junto,   **aparezca**
    porque una breve 'plática de arenga°   speech

30   les quiero hacer.

MARIO: Harélo[13] en este punto.

ESCIPIÓN: Camina, porque es bien que sepan todos
    mis nuevas trazas° y sus viejos modos.   plans

Vase[14] MARIO.

JUGURTA: 'Séte decir,° señor, que no hay soldado   **sé decirte**
    que no te tema juntamente y ame;[15]

35   y porque° ese valor tuyo extremado,   **para que**

---

[11] **Yace embebido...** *(the Roman army) lies drunk in burning lust*
[12] **Volver a...** *to turn our people to new and better conduct*
[13] **Harélo = lo haré.** Pronouns were frequently attached to conjugated verbs.
[14] **Vase** is a stage direction: **vase = se va** and **vanse = se van** *exit*, **sale, salen**
enter.
[15] **Te tema juntamente y ame** = *te ame y tema juntamente*

de Antartico a Calixto[16] se derrame,
cada cual con feroz ánimo osado,
cuando la trompa° a la ocasión les llame,   horn
piensa hacer en tus servicios cosas
40   que pasen las hazañas fabulosas.

ESCIPIÓN: Primero es menester que se refrene
el vicio que entre todos se derrama;
que si éste no se quita, en nada tiene
con ellos que hacer la buena fama.[17]
45   Si este daño común no se previene
y se deja arraigar° su ardiente llama,   to take root
el vicio sólo puede hacernos guerra[18]
más que los enemigos de esta tierra.

Tocan a recoger, y échase de adentro este bando:[19]

«Manda nuestro general
50   que se recojan° armados   gather
luego todos los soldados
en la plaza principal,
    y que ninguno ꞌno quede
de parecer° a esta vista,°   fail to appear,
55   so pena que de la lista   military review

---

[16] This is the constellation Ursa Major, the "Great Bear." According to
Greco-Roman mythology, the maiden Callisto was seduced by Jupiter and turned
into a bear by Juno. Jupiter later saved Callisto by transforming her into the
constellation when Callisto's son, Arcas, tried to kill her. Thus, **de Antartico a
Calixto** (the southern most point on Earth to the stars) refers to the ends of the
universe.
[17] **Que si...** *if this vice is not eradicated a good reputation will elude them*
[18] **El vicio...** *only vice will make war on us*
[19] **Tocan a...** *the signal is made to gather the troops, and this order is heard
coming from inside*

al punto borrado quede».[20]

JUGURTA: No dudo yo, señor, sino que importa
recoger con duro freno la malicia,
y que se dé al soldado 'rienda corta °   tight rein
60   cuando él se precipita° en la injusticia.   throws himself
La fuerza del ejército se acorta
cuando va sin arrimo de justicia[21]
aunque más le acompañen a montones
mil pintadas banderas y escuadrones.

Entra un alarde° de soldados, armados a lo antiguo,   formation
sin arcabuces,° y ESCIPIÓN *se sube sobre una*   crossbows
peña° que estará allí, y dice: rock

65   ESCIPIÓN: En el fiero ademán, en los lozanos
marciales aderezos y vistosos,[22]
bien os conozco, amigos, por romanos;
romanos, digo, fuertes y animosos;
mas en las blancas delicadas manos
70   y en las teces° de rostros tan lustrosos,   skins
allá en Bretaña° parecéis criados,   Britain
y de padres flamencos° engendrados.[23]   Flemish
El general descuido vuestro, amigos,
el no mirar por lo que tanto os toca,
75   levanta los caídos enemigos,

---

[20] **So pena...** *under penalty of being eliminated now from the army list*
[21] **La fuerza...** *the effectiveness of the army is limited when it is not aligned with the military code of conduct*
[22] **En el...** *In the intimidating demeanor and bright military decorations*
[23] **Allá en...** This is an allusion to the pale, pink complexions of the British and Flemish, which contrast with the darker features of the Romans. Due to their inactivity, Scipio compares his Roman soldiers to the fairer Northern Europeans.

que vuestro esfuerzo y opinión apoca.[24]
Desta ciudad los muros son testigos,
que aun hoy está cual° bien fundada roca,   **como**
de vuestras perezosas fuerzas° vanas,   troops
80 que sólo el nombre tienen de romanas.

¿Pareceos, hijos, que es gentil° hazaña   dignified
que tiemble del romano nombre el mundo,
y que vosotros solos en España
le[25] aniquiléis° y echéis en el profundo?   nullify
85 ¿Qué flojedad es esta tan extraña?
¿Qué flojedad? Si yo mal no me fundo,[26]
es flojedad nacida de pereza,
enemiga mortal de fortaleza.°   resolve

La blanda Venus con el duro Marte[27]
90 jamás hacen durable ayuntamiento;°   union
ella regalos sigue, él sigue arte
que incita daños y furor sangriento.
La cipria diosa[28] estése agora° aparte;°   **ahora**, away
deje su hijo[29] nuestro alojamiento,°   camp
95 que mal se aloja en las marciales tiendas
quien gusta de banquetes y meriendas.

¿Pensáis que sólo atierra° la muralla   destroys
el almete° y la acerada punta,[30]   helmet
y que sólo atropella la batalla

---

[24] **Que vuestro...** *that diminishes your valor and reputation*
[25] **Le = lo (*el nombre romano*)**
[26] **Si yo...** *if my opinion is not ill-founded*
[27] Venus (Roman goddess of love) and Mars (Roman god of war)
[28] **Cipria diosa** is the Cyprian goddess (Venus). The reference to Cyprus evokes an atmosphere of lust. This was the home of Aphrodite, the Greek goddess of sexual love and passion. The myth of Aphrodite was applied to the Roman Venus.
[29] **Su hijo** is Cupid, Roman god of love and son of Venus and Mars.
[30] **Acerada punta** *steel tip* (sword)

100   la multitud de gentes y armas junta?[31]
    Si esfuerzo de cordura no señala,
    que todo lo previene y lo barrunta,
    poco aprovechan muchos escuadrones,
    y menos infinitas municiones.[32]

105   Si a militar concierto se reduce,
    cualque pequeño ejército que sea,[33]
    veréis que como sol claro reluce,°   shines
    y alcanza las vitorias que desea;
    pero si a flojedad él se conduce,

110   aunque abreviado el mundo en él se vea,[34]
    en un momento quedará deshecho°   destroyed
    por más reglada mano y fuerte pecho.[35]
    Avergonzaos, varones esforzados,
    porque, 'a nuestro pesar,° con arrogancia,   against our will

115   tan pocos españoles, y encerrados,
    defiendan este nido de Numancia.
    Diez y seis años son y más pasados
    que mantienen la guerra y la ganancia
    de haber vencido con feroces manos

120   millares° de millares de romanos.   thousands
    Vosotros os vencéis, que estáis vencidos
    del bajo antojo y femenil, liviano,[36]
    con Venus y con Baco[37] entretenidos,
    sin que a las armas extendáis la mano.

---

[31] **Atropella la…** *the multitude of people and weapons together batter the charging army*

[32] **Si esfuerzo…** *If the use of good judgment, which anticipates and foresees all, is not called on, little profit comes from many squadrons and less still from infinite ammunition.*

[33] **Si a militar…** *If any army, however small, returns to military order*

[34] **Aunque abreviado…** *even if the world seems dwarfed by it* (the army)

[35] **Por más…** *by a more controlled hand and a braver heart*

[36] **Del bajo…** *by base, frivolous and feminine caprice*

[37] Bacchus was the god of wine

125 Correos agora,[38] si no estáis corridos,°   embarrassed
de ver que este pequeño pueblo hispano
contra el poder romano se defienda,
y, cuanto más rendido,° más ofenda.   defeated
    De nuestro campo quiero, en todo caso,
130 que salgan las infames meretrices,°   prostitutes
que de ser reducidos a este paso,[39]
ellas solas han sido las raíces.
Para beber no quede más de un vaso,
y los lechos,° un tiempo ya felices,   beds
135 llenos de concubinas, se deshagan,
y de fajina° y en el suelo se hagan.   hay
    No me huela el soldado otros olores
que el olor de la pez y de resina,°   resin
ni por golosidad° de los sabores   appetite
140 traiga siempre aparato de cocina:[40]
que el que usa en la guerra estos primores°   delicacies
muy mal podrá sufrir la cota fina;[41]
no quiero otro primor ni otra fragancia
en tanto que español viva en Numancia.
145   No os parezca, varones, escabroso°   harsh
ni duro este mi justo mandamiento,
que al fin conoceréis ser provechoso,
cuando aquél consigáis de vuestro intento.
Bien se os 'ha de° hacer dificultoso   **va a**
150 dar a vuestras costumbres nuevo asiento;°   place
mas, si no las mudáis, estará firme
la guerra que esta afrenta más confirme.[42]
    En blandas camas, entre juego y vino,

---

[38] **Correos agora** *shame on you now*
[39] **De ser…** *[the Romans] being led in this way*
[40] **Aparato de…** *kitchen equipment*
[41] **Muy mal…** *will not be able to tolerate the fine coat of mail*
[42] **Estará firme…** *it will be clear that this dishonor further validates the war*

<table>
<tr><td></td><td>hállase mal el trabajoso Marte;</td><td></td></tr>
<tr><td>155</td><td>otro aparejo° busca, otro camino;</td><td>necessity</td></tr>
<tr><td></td><td>otros brazos levantan su estandarte;°</td><td>banner</td></tr>
<tr><td></td><td>cada cual se fabrica su destino;</td><td></td></tr>
<tr><td></td><td>no tiene allí fortuna alguna parte;</td><td></td></tr>
<tr><td></td><td>la pereza fortuna baja cría;</td><td></td></tr>
<tr><td>160</td><td>la diligencia, imperio y monarquía.[43]</td><td></td></tr>
</table>

   Estoy con todo esto tan seguro
de que al fin mostraréis que sois romanos,
que tengo en nada el defendido muro
destos rebeldes bárbaros hispanos;

165 y así, os prometo por mi diestra[44] y juro
que, si igualáis al ánimo las manos,[45]
que las mías se alarguen° en pagaros,   will extend
y mi lengua también en alabaros.°   praise

Míranse los soldados unos a otros, y hacen señas a
uno de ellos, que se llama CAYO MARIO, *que responda*
por todos, y dice:

MARIO: Si con atentos ojos has mirado,

170 ínclito° general, en los semblantes°   illustrious, expressions
que a tus breves razones han mostrado
los que tienes agora circunstantes,°   present
cuál habrás visto sin color, turbado,
y cuál con ella,[46] indicios bien bastantes

175 de que el temor y la vergüenza 'a una°   together
nos aflige,° molesta e importuna: afflicts

---

[43] **La pereza...** *idleness produces bad luck; diligence (produces) empire and monarchy*

[44] **Prometo por...** *I promise by my right hand*

[45] **Si igualáis...** *if your hands can match your high spirit*

[46] **Cuál habrás...** *some you will have seen pale and disturbed, and some with color* (blushing)

vergüenza, de mirar ser reducidos
a término tan bajo por su culpa,
que viendo ser por ti repreendidos,°   reprimanded
180 no saben a esa falta hacer disculpa;
temor, de tantos yerros° cometidos;   mistakes
y la torpe pereza que los culpa
los tiene de tal modo, que se holgaran
antes morir que en esto se hallaran.[47]

185   Pero el lugar y el tiempo que los° queda   **les**
para mostrar alguna recompensa,°   repayment
es causa que con menos fuerza pueda
fatigarte el rigor de tal ofensa.[48]
De hoy más,[49] con presta voluntad y leda,°   joyful
190 el más mínimo destos[50] cuida y piensa
de ofrecer sin revés a tu servicio
la hacienda, vida, honra en sacrificio.

     Admite, pues, de sus intentos sanos[51]
al justo ofrecimiento, señor mío,
195 y considera al fin que son romanos,
en quien nunca faltó del todo brío.°   boldness
Vosotros levantad las diestras manos,
en señal que aprobáis el voto mío.

SOLDADO 1.°   Todo lo que habéis dicho confirmamos.

SOLDADO 2.°   Y lo juramos todos.

200 TODOS: Sí, juramos.

---

[47] **Que se...** *that they would rather die than be found in this state*
[48] **Con menos...** *the severity of such an offense can weary you less*
[49] **De hoy más** *from this day forth*
[50] **Destos** *de estos* (soldados)
[51] **Sus intentos...** *their sincere intentions*

ESCIPIÓN:	Pues, arrimado° a tal ofrecimiento,	relying
	crece ya desde hoy mi confianza,	
	creciendo en vuestros pechos ardimiento°	burning desire
	y del viejo vivir nueva mudanza.	
205	Vuestras promesas no se lleve el viento;	
	hacerlas verdaderas con la lanza;	
	que las mías saldrán tan verdaderas,	
	cuanto fuere el valor de vuestras veras.[52]	

| SOLDADO 1:° | Dos numantinos con seguro[53] vienen | |
| 210 | a darte, Cipión, una embajada.° | message |

| ESCIPIÓN: | ¿Por qué no llegan ya? ¿En qué se detienen? | |

| SOLDADO 1:° | Esperan que licencia° les sea dada. | permission |

| ESCIPIÓN: | Si son embajadores, ya la tienen. | |

| SOLDADO 1:° | Embajadores son. | |

ESCIPIÓN:	Daldes[54] entrada;	
215	que, aunque descubran cierto falso pecho,	
	al enemigo siempre de provecho,[55]	
	jamás la falsedad vino cubierta	
	tanto con la verdad, que no mostrase	
	algún pequeño indicio, alguna puerta	
220	por donde su maldad 'se entestiguase.°	would be witnessed
	Oír al enemigo es cosa cierta	

---

[52] **Que las mías...** *my promises will prove to be truthful when yours are trustworthy*

[53] **Con seguro** *with a document of safe-conduct*

[54] **Daldes = dadles.** D and l commonly switched places in the **vosotros** command.

[55] **Aunque descubran...** *even if they prove deceptive, to the enemy it is always advantageous*

que siempre aprovechó más que dañase,
y, en las cosas de guerra, la experiencia
muestra que lo que digo es cierta ciencia.

Entran dos NUMANTINOS, *embajadores.*

225   NUM. 1.º   Si nos das, gran señor, grata° licencia,   gracious
                            decirte he la embajada que traemos;
                            do° estamos, o ante sola tu presencia,   **donde**
                            todo a lo que venimos te diremos.

      ESCIPIÓN: Decid; que adondequiera doy audiencia.

230   NUM. 1.º   Pues con ese seguro que tenemos,
                            de tu real grandeza concedido,
                            daré principio a lo que soy venido.[56]
                                Numancia, de quien° yo soy ciudadano,   la que
                            ínclito general, a ti me envía,
235   como al más fuerte capitán romano
                            que ha cubierto la noche y visto el día,
                            a pedirte, señor, la amiga mano,
                            en señal de que cesa la porfía°   obstinacy
                            tan trabada° y cruel de tantos años,   established
240   que ha causado sus propios y tus daños.[57]
                                Dice que nunca de la ley y fueros°   legal codes
                            del Senado romano se apartara°   **apartaría**
                            si el insufrible mando y desafueros°   outrages
                            de un cónsul y otro no le fatigara.
245   Ellos con duros estatutos fieros
                            y con su extraña condición avara
                            pusieron tan gran yugo° a nuestros cuellos,   yoke

---

[56] **Soy venido = he venido. Ser** was commonly used instead of **haber** with past participles such as **venido, ido, llegado,** and **ido.**

[57] **Ha causado...** *has caused its own* [Numantia's own] *and your own ills*

que forzados salimos dél y dellos;[58]

y en todo el largo tiempo que ha durado

250   entrambas° partes la contienda,° es cierto   between both, dispute

que ningún general hemos hallado

con quien poder tratar algún concierto.°   agreement

'Empero agora,° que ha querido el hado°   however now, fate

reducir° nuestra nave a tan buen puerto,   to return

255   las velas de la gavia recogemos

y a cualquiera partido nos ponemos.[59]

No imagines que temor nos lleva

a pedirte las paces 'con instancia,°   with insistence

pues la larga experiencia ha dado prueba

260   del poder valeroso de Numancia.

Tu virtud y valor es quien° nos ceba,°   lo que, attracts

y nos declara que será ganancia

mayor que cuantas desear podemos,

si por señor y amigo te tenemos.

265   A esto ha sido la venida nuestra.

Respóndenos, señor, lo que te place.°   please

ESCIPIÓN: ¡Tarde de arrepentidos dais la muestra!

Poco vuestra amistad me satisface.

De nuevo ejercitad la fuerte diestra,[60]

270   que quiero ver lo que la mía hace;

quizá que ha puesto en ella la ventura

la gloria nuestra y vuestra sepultura.°   tomb

A desvergüenza de tan largos años,

es poca recompensa pedir paces.[61]

---

[58] **Dél (del yugo), dellos (de los cónsules)**

[59] **Las velas...** *we will take in the sails of the main mast and arrive at whatever agreed upon place*

[60] **De nuevo...** *once again exert your strong right hand*

[61] **A desvergüenza...** *for the insolence of so many long years it is little repayment to ask for peace*

275   Seguid la guerra y renovad los daños.

                   Salgan de nuevo las valientes haces.°   troops

NUM. 1:°   La falsa° confianza mil engaños   unfounded

                   consigo trae; advierte° lo que haces,   be careful

                   señor, que esa arrogancia que nos muestras

280   remunera el valor en nuestras diestras;[62]

                     y pues niegas la paz que con buen celo°   intention

                   te ha sido por nosotros demandada,

                   de hoy más la causa nuestra con el cielo

                   quedará por mejor calificada,°   judged

285   y antes que pises de Numancia el suelo,

                   probarás do se extiende la indignada

                   fuerza de aquel que, siéndote enemigo,

                   quiere ser tu vasallo y fiel amigo.

ESCIPIÓN: ¿Tenéis más que decir?

NUM. 2:°   No; más tenemos

290   que hacer, pues tú, señor, ansí° lo quieres,   así

                   sin querer la amistad que te ofrecemos,

                   correspondiendo mal de ser quien eres.[63]

                   Pero entonces verás lo que podremos

                   cuando nos muestres tú lo que pudieres:[64]

295   que es una cosa razonar de paces

                   y otra romper por las armadas haces.[65]

ESCIPIÓN: Verdad decís; y ansí,° para mostraros   therefore

---

[62] **Remunera el...** *will be repaid with the force in our right hands*

[63] **Correspondiendo mal...** *reflecting poorly who you are*

[64] **Verás lo...** *you will see what we are capable of when you show us what you can do*

[65] **Es una...** *it is one thing to negotiate for peace and another to storm through armored troops*

si sé tratar de paz y hablar en guerra,
no os quiero por amigos acetaros,°   aceptaros
300   ni lo seré jamás de vuestra tierra.
Y con esto podéis luego tornaros.°   to return

NUM 1:°   ¿Que en esto tu querer, señor, se encierra?

ESCIPIÓN: Ya te he dicho que sí.

NUM 2:°   Pues, ¡sus!° al hecho;°   come on! get
que guerra ama el numantino pecho.   moving

Vanse los EMBAJADORES, *y dice* QUINTO FABIO,
hermano de ESCIPIÓN:

305   QUINTO: El descuido° pasado nuestro ha sido   neglect
el que les hace hablar de aquesta suerte;[66]
mas ya es llegado el tiempo y es venido
do veréis nuestra gloria y vuestra muerte.

ESCIPIÓN: El 'vano blasonar° no es admitido   arrogant boasting
310   de pecho valeroso, honrado y fuerte.
Tiempla° las amenazas, Fabio, y calla,   control
y tu valor descubre° en la batalla;   reveal
aunque yo pienso hacer que el numantino
nunca a las manos de nosotros venga,
315   buscando de vencerle tal camino,
que más a mi provecho se convenga,°   corresponds
y haré que abaje el brío y pierda el tino[67]
y que en sí mesmo° su furor detenga.   mismo
Pienso de un hondo foso° rodeallos,   ditch
320   y por hambre insufrible he de acaballos.

---

[66] **El que...** *that makes them talk this way*
[67] **Abaje el...** *the town will curb its boldness and lose its senses*

No quiero yo que sangre de romanos
colore más el suelo de esta tierra;
basta la que han vertido° estos hispanos   spilled
en tan larga, reñida° y cruda° guerra.   hard-fought, cruel
325   Ejercítense agora vuestras manos
en romper y a cavar° la dura tierra,   dig
y cubrirse de polvo los amigos
que no lo están de sangre de enemigos.[68]
No quede de este oficio reservado
330   ninguno que le tenga preminente.[69]
Trabaje el decurión[70] como el soldado,
y no se muestre en esto diferente.
Yo mismo tomaré el hierro° pesado   pick-axe
y romperé la tierra fácilmente.
335   Haced todos cual yo; veréis que hago
tal obra, con que a todos satisfago.

QUINTO: Valeroso señor y hermano mío,
bien nos muestras en esto tu cordura;
pues fuera° conocido desvarío°   sería, madness
340   y temeraria° muestra de locura   rash
pelear contra el loco airado brío
destos desesperados sin ventura.[71]
Mejor será encerrallos como dices,
y quitarles al brío las raíces.
345   Bien puede la ciudad toda cercarse,°   to be enclosed
'si no es° la parte por do el río[72] la baña.   except

---

[68] **Y cubrirse...** *and friends will cover themselves with dirt, as they won't be covered in enemy blood*

[69] **No quede...** *no one shall remain exempt from this task, not even someone of high rank*

[70] A **decurión** was a cavalry officer in charge of ten soldiers

[71] **Destos deseperados sin ventura** refers to the Numantines

[72] The Duero river and its tributary, the Tera river, flowed through Numantia.

ESCIPIÓN:	Vamos, y venga luego a efetuarse°	efetuarse
	esta mi nueva traza, usada hazaña;	
	que si en mi favor quiere mostrarse	
350	el Cielo, quedará sujeta° España	subject
	al Senado romano, solamente	
	con vencer la soberbia de esta gente.	

Vanse, y sale ESPAÑA, *coronada con unas torres,*
y trae un castillo en la mano, que significa España.

ESPAÑA:	¡Alto, sereno y espacioso cielo,	
	que con tus influencias enriqueces	
355	la parte que es mayor de este mi suelo	
	y sobre muchos otros le engrandeces:	
	muévate a compasión mi amargo duelo,	
	y, pues al afligido° favoreces,	afflicted
	favoréceme a mí 'en ansia tamaña,°	in great pain
360	que soy la sola y desdichada España!	
	Basta ya que un tiempo me tuviste	
	todos mis flacos miembros abrasados,°	aflame
	y al sol por mis entrañas descubriste	
	al reino obscuro de los condenados,[73]	
365	y a mil tiranos mil riquezas diste;	
	a fenicios y a griegos[74] entregados	
	mis reinos fueron porque tú has querido	
	o porque mi maldad lo ha merecido.	
	¿Será posible que contino° sea	continually
370	esclava de naciones extranjeras	
	y que un pequeño tiempo yo no vea	
	de libertad tendidas° mis banderas?	unfurled

---

[73] **Y al...** *and to the sun, through my entrails, you revealed the dark kingdom of the damned*

[74] **A fenicios...** *to Phoenicians and to Greeks.* The Phoenicians occupied Spain around 1100 BC and the Greeks settled there circa 700 BC.

Con justísimo título° se emplea   right
en mí el rigor de tantas penas fieras,
375   pues mis famosos hijos y valientes
andan entre sí mismos diferentes.[75]

Jamás entre su pecho concertaron
los divididos ánimos furiosos;
antes entonces más los apartaron
380   cuando se vieron más menesterosos;°   needy
y ansí con sus discordias convidaron°   invited
los bárbaros de pechos codiciosos°   greedy
a venir a entregarse en mis riquezas,
usando en mí y en ellos mil cruezas.°   cruelties

385   Numancia es la que agora sola ha sido
quien la luciente espada sacó fuera,
y a costa de su sangre ha mantenido
la amada libertad suya y primera.
Mas, ¡ay! que veo el término° cumplido,   end
390   llegada ya la hora postrimera°   final
do acabará su vida, y no su fama,
cual fénix[76] renovándose en la llama.

Estos tan mucho temidos romanos,
que buscan de vencer cien mil caminos,[77]
395   rehuyendo° venir más a las manos   avoiding
con los pocos valientes numantinos,
¡oh, si saliesen sus intentos vanos
y fuesen sus quimeras desatinos,
que esta pequeña tierra de Numancia
400   sacase de su pérdida ganancia![78]

---

[75] **Andan entre...** *are divided among themselves*

[76] **Cual fénix** *like the phœnix.* The phœnix, a symbol of immortality, is a mythical firebird that consumes itself in fire at the end of its life cycle and then regenerates itself from the ashes.

[77] **Que buscan...** *who look for victory a thousand different ways*

[78] **¡Oh, si...** *oh if only their intentions were to prove futile and their illusions madness then this small land of Numantia could take from its loss a victory*

Mas, ¡ay! que el enemigo la ha cercado,
no sólo con las armas contrapuestas°   opposing
al flaco muro suyo, mas ha obrado
con diligencia extraña y manos prestas
405   que un foso por la margen concertado
rodee a la ciudad por llano° y cuestas;°   plains, hills
sólo la parte por do el río se extiende,
deste ardid° nunca visto se defiende.[79]   scheme

    Ansí están encogidos° y encerrados   constricted
410   los tristes numantinos en sus muros;
ni ellos pueden salir, ni ser entrados,
y están de los asaltos bien seguros.
Pero en sólo mirar que están privados
de ejercitar sus fuertes brazos duros,
415   la guerra pediré o la muerte a voces,
con horrendos acentos y feroces;

    y pues sola la parte por do corre
y toca a la ciudad el ancho Duero,
es aquella que ayuda y que socorre
420   en algo al numantino prisionero,
antes que alguna máquina o gran torre
en sus aguas se funde,° rogar quiero   is built
al caudaloso° y conocido río,   abundant
en lo que puede, ayude al pueblo mío.

425   Duero gentil, que con torcidas vueltas
humedeces gran parte de mi seno,
ansí en tus aguas siempre veas envueltas
arenas de oro cual el Tajo ameno;
ansí las ninfas fugitivas sueltas,
430   de que está el verde prado y bosque lleno,
vengan humildes a tus aguas claras,

---

[79] The trench encircles the whole city except where the river runs through it, and this will be the city's only defense against the Roman siege.

y en prestarte favor no sean avaras,[80]
   que prestes a mis ásperos lamentos
atento oído, o que a escucharlos vengas,
435   aunque dejes un rato tus contentos.
Suplícote que en nada te detengas.
   Si tú, con tus 'continos crecimientos,°   frequent floods
destos fieros romanos no te vengas,°   take revenge
cerrado veo ya cualquier camino
440   a la salud del pueblo numantino.

Sale el río DUERO *con otros tres ríos, que serán tres muchachos vestidos como que son tres riachuelos que entran en Duero junto a Soria, que en aquel tiempo fue Numancia.*

DUERO: Madre querida, España: rato había
que oí en mis oídos tus querellas,°   grievances
y si en salir acá me detenía
fue por no poder dar remedio a ellas.
445   El fatal, miserable y triste día,
según el disponer de las estrellas,
se llega de Numancia, y cierto temo
que no hay remedio a su dolor extremo.
   Con Obrón y Minuesa y también Tera,[81]
450   cuyas aguas las mías acrecientan,°   increase
he llenado mi seno en tal manera,
que las usadas° márgenes revientan;°   customary, burst
mas, sin temor de mi veloz carrera,

---

[80] **Ansí en...** *may you always see sand covered in gold like the pleasant Tagus River and may the nymphs that fill the green meadow and forest not be greedy and come humbly to your clear waters to offer you help.* The Tagus River is the longest river on the Iberian peninsula, flowing through the heart of Spain and Portugal.

[81] These are tributaries of the Duero River, today referred to as Urbión, Revinuesa, and Tera respectively.

cual si fuera un arroyo,° veo que intentan   brook
455 de hacer lo que tú, España, nunca veas:[82]
sobre mis aguas, torres y trincheas.°   trenches

  Mas ya que el revolver° del duro hado   turning
tenga el último fin estatuido°   determined
de ese tu pueblo numantino armado,
460 pues a términos tales ha venido,
un consuelo° que queda en este estado: consolation
que no podrán las sombras del olvido
obscurecer° el sol de sus hazañas,   to eclipse
en toda edad tenidas por extrañas;
465   y puesto que el feroz romano tiende
el paso ahora para tan fértil suelo,[83]
que te oprime aquí y allí te ofende
con arrogante y ambicioso celo,
tiempo vendrá, según que ansí lo entiende
470 el saber que a Proteo[84] ha dado el Cielo,
que estos romanos sean oprimidos
por los que agora tienen abatidos.°   humbled

  De remotas naciones venir veo
gentes que habitarán tu dulce seno
475 después que, como quiere tu deseo,
habrán a los romanos puesto freno:
godos[85] serán, que, con vistoso arreo,°   adornment
dejarán de su fama el mundo lleno;[86]
vendrán a recogerse en tus entrañas,
480 dando de nuevo vida a sus hazañas.

  Estas injurias° vengará la mano   offenses

---

[82] **Veo que...** *I see them trying to do what you, Spain, should never see*
[83] **Y puesto...** *and even though now the fierce Roman traverses such fertile soil*
[84] Proteus was a sea god in Greek mythology who could foretell the future.
[85] Goths, specifically the Visigoths, inhabited Spain from the fall of the Roman Empire until the invasion of the Moors in the 8th century.
[86] **Dejarán...** *will leave the world filled with their fame*

del fiero Atila[87] en tiempos venideros,
poniendo al pueblo tan feroz romano
sujeto a obedecer todos sus fueros,
485   y portillos° abriendo en Vaticano   gates
sus bravos hijos y otros extranjeros,
harán que para huir vuelva la planta
el gran piloto de la nave santa;[88]
       y también vendrá tiempo en que se mire
490   estar blandiendo° el español cuchillo   brandishing
sobre el cuello romano, y que respire
sólo por la bondad de su caudillo.°   leader
El grande Albano[89] hará que se retire
el español ejército, sencillo,
495   no de valor, sino de poca gente,
pues que con ella hará que se le aumente;[90]
       y cuando fuere° ya más conocido   he will be
el propio Hacedor de tierra y cielo,
aquél que ha de quedar instituído°   established
500   por visorrey de Dios[91] en todo el suelo,
a tus reyes dará tal apellido
que él vea que más cuadre° y dé consuelo.   suits
Católicos serán llamados todos,
sujeción° e insinia° de los godos;   link, emblem

---

[87] Attila the Hun, was the king and general of the Hun Empire in the 5th century. Attila's attacks on the Eastern Roman Empire and later on Italy earned him the nickname "Scourge of God."

[88] Refers to the 1527 siege of Rome by Charles V's imperial forces -made up of Spanish soldiers and foreigners- as a reaction against the political dealings of Pope Clement VII, who was forced to flee the Vatican (**vuelva la planta...** *the Pope who will turn on his heels*).

[89] Refers to the Duke of Alba, Fernando Álvarez de Toledo, who laid siege to Rome in 1556.

[90] **Hará que...** *will cause the Spanish army, short on men but not on courage, to retreat, their valor being greater than their number*

[91] **Visorrey de...** *viceroy of God* (the Pope)

505   pero el que más levantará la mano
en honra tuya y general contento,
haciendo que el valor del nombre hispano
tenga entre todos el mejor asiento,
un rey será de cuyo intento sano
510   grandes cosas me muestra el pensamiento;
será llamado, siendo suyo el mundo,
el segundo Felipo[92] sin segundo.
      Debajo de este imperio tan dichoso,°   fortunate
serán a una corona reducidos,
515   por bien universal y a tu reposo,
tus reinos, hasta entonces divididos.
El jirón lusitano,[93] tan famoso,
que un tiempo se cortó de los vestidos
de la ilustre Castilla, ha de asirse[94]
520   de nuevo, y a su antiguo ser venirse.
      ¡Qué envidia, qué temor, España amada,
te tendrán mil naciones extranjeras,
en quien tú reñirás° tu aguda espada   will exercise
y tenderás triunfando tus banderas!
525   Sírvate esto de alivio en la pesada
ocasión, por quien° lloras tan de veras,   la que
pues no puede faltar lo que ordenado
ya tiene de Numancia el duro hado.

ESPAÑA: Tus razones alivio han dado en parte,
530   famoso Duero, a las pasiones° mías,   sufferings
sólo porque imagino que no hay parte
de engaño alguno en estas profecías.

---

[92] Philip II (1556-1598), King of Spain, Naples, Portugal, Milan, and most of the Americas.

[93] **Jirón lusitano** *Portuguese pennant.* Portugal was incorporated into the Spanish empire from 1580 to 1640.

[94] **Ha de...** *is destined to grab onto*

DUERO: Bien puede de hecho, España, asegurarte,
              'puesto que° tarden tan dichosos días.   even if
535   Y, adiós, porque me esperan ya mis ninfas.

ESPAÑA: ¡El Cielo aumente tus sabrosas linfas!°   waters

Jornada segunda

Salen TEÓGENES *y* CARAVINO, *con otros cuatro*
NUMANTINOS, *gobernadores de Numancia, y*
MARQUINO, *hechicero, y siéntanse.*

TEÓGENES: Paréceme, varones esforzados,
              que en nuestros daños con rigor influyen
              los tristes signos y contrarios hados,
540   pues nuestra fuerza humana desminuyen.°   disminuyen
              Tiénennos los romanos encerrados,
              y con cobardes manos nos destruyen;
              ni con matar muriendo no hay vengarnos,[1]
              ni podemos sin alas escaparnos.
545   No sólo a vencernos se despiertan
              los que habemos° vencido veces tantas;   hemos
              que también españoles se conciertan
              con ellos a segar° nuestras gargantas.   to cut
              Tan gran maldad los cielos no consientan;
550   con rayos hieran las ligeras plantas
              que se muestren en daño del amigo,
              favoreciendo al pérfido enemigo.[2]
                  Mirad si imagináis algún remedio
              para salir de tanta desventura,
555   porque este largo y trabajoso asedio°   siege
              sólo promete presta sepultura.
              El ancho foso nos estorba el medio

---

[1] **Ni con...** *we cannot avenge ourselves by dying in combat*
[2] **Tan gran...** *may the heavens not consent to such a great evil; with lightning strike the swift feet that work to harm their fellow countrymen and to aid the faithless enemy*

de probar con las armas la ventura,
aunque a veces valientes, fuertes brazos,
560   rompen mil contrapuestos embarazos.°   obstacles

CARAVINO: ¡A Júpiter pluguiera soberano
que nuestra juventud sola se viera
con todo el cruel ejército romano,
adonde el brazo rodear pudiera,
565   que allí, al valor de la española mano
la misma muerte poco estorbo hiciera
para dejar de abrir franco camino
a la salud del pueblo numantino!³
    Mas pues 'en tales términos° nos vemos,   in such a state
570   que estamos como damas encerrados,
hagamos todo cuanto hacer podemos
para mostrar los ánimos osados:
a nuestros enemigos convidemos
a 'singular batalla;° que, cansados   hand-to-hand combat
575   deste cerco tan largo, ser podría
quisiesen acabarle por tal vía.
    Y cuando° este remedio no suceda   even if
a la justa medida del deseo,⁴
otro camino de intentar nos queda,
580   aunque más trabajoso a lo que creo:
este foso y muralla que nos veda°   prevents
el paso al enemigo que allí veo,
'en un tropel° de noche le rompamos,   in a mad rush
y por ayuda a los amigos vamos.

---

³ **A Júpiter…** *would that it please supreme Jupiter* [the highest of the Roman gods, protector of the state and its laws] *that our young men alone would battle all the terrible Roman army, where they would wield their strength, and due to Spanish courage, death would be but a minor obstacle to opening the road to the safety of the Numantine people*

⁴ **A la justa…** *just the way it is desired*

585   NUM. 1:º

O sea por el foso o por la muerte,
de abrir tenemos paso a nuestra vida:
que es dolor insufrible el de la muerte,
si llega cuando más vive la vida.
590
Remedio a las miserias es la muerte,
si se acrecientan ellas con la vida,
y suele tanto más ser excelente
cuanto° se muere más honradamente.   cuando

  NUM. 2:º

¿Con qué más honra pueden apartarse
de nuestros cuerpos estas almas nuestras
595
que en las romanas haces arrojarse
y en su daño mover las fuerzas diestras?°   expert
Y en la ciudad podrá muy bien quedarse
quien gusta de cobarde dar las muestras;
que yo mi gusto pongo en quedar muerto
600
en el cerrado foso o campo abierto.

  NUM. 3:º

Esta insufrible hambre macilenta,°   emaciating
que tanto nos persigue y nos rodea,
hace que en vuestro parecer consienta,
puesto que temerario y duro sea.
605
Muriendo, 'excusar hemos° tanta afrenta;   we will avoid
y quien morir de hambre no desea,
arrójese conmigo al foso y haga
camino su remedio con la daga.

  NUM. 4:º

'Primero que° vengáis al trance° duro   before, battle
610
desta resolución que habéis tomado,
paréceme ser bien que desde el muro
nuestro fiero enemigo sea avisado,
diciéndole que dé 'campo seguro°   open field
a un numantino y a otro su soldado,[5]

---

[5] **Y a otro...** *and one of their own soldiers*

615   y que la muerte de uno sea sentencia
                que acabe nuestra antigua diferencia.

                    Son los romanos tan soberbia gente,
                que luego aceptarán este partido;
                y si lo aceptan, creo firmemente

620   que nuestro amargo daño ha fenecido,°   *ended*
                pues está un numantino aquí presente
                cuyo valor me tiene persuadido
                que él solo contra tres de los romanos
                quitará la victoria de las manos.

625   También será acertado que Marquino,
                pues es un agorero° tan famoso,   *diviner*
                mire qué estrella o qué planeta o signo
                nos amenaza a muerte o fin honroso,
                o si se puede hallar algún camino

630   que nos pueda mostrar si del dudoso
                cerco cruel do estamos oprimidos
                saldremos vencedores o vencidos.

                   También primero encargo que se haga
                a Júpiter solemne sacrificio,

635   de quien podremos esperar la paga
                harto mayor que nuestro beneficio.[6]
                Cúrese luego la profunda llaga°   *wound*
                del 'arraigado acostumbrado vicio:°   *deeply rooted vice*
                quizá con esto mudará de intento

640   el hado esquivo,° y nos dará contento.   *disdainful*
                   Para morir, jamás le falta tiempo
                al que quiere morir desesperado.
                Siempre seremos 'a sazón y a tiempo°   *ready and on time*
                para mostrar muriendo el pecho osado;

645   mas, porque no se pase 'en balde° el tiempo,   *in vain*
                mirad si os cuadra lo que he demandado,°   *requested*

---

[6] **De quien…** *from whom we can expect punishment far greater than our benefit*

y, si no os parece, dad un modo
que mejor venga y que convenga a todo.

MARQUINO: Esa razón que muestran tus razones
650   es aprobada del intento mío.
                    Háganse sacrificios y oblaciones°   offerings
                    y póngase en efeto° el desafío,°   efecto, duel
                    que yo no perderé las ocasiones
                    de mostrar de mi ciencia el poderío:°   power
655   yo os sacaré del hondo centro obscuro
                    quien nos declare el bien, el mal futuro.[7]

TEÓGENES: Yo desde aquí me ofrezco, si os parece
                    que puede de mi esfuerzo algo fiarse,
                    de salir a esta duda que se ofrece,
660   si por ventura viene a efetuarse.

CARAVINO: Más honra tu valor claro merece;
                    bien pueden de tu esfuerzo confiarse
                    más difíciles cosas, y aun mayores,
                    por ser el que es mejor de los mejores.
665   Y pues tú ocupas el lugar primero
                    de la honra y valor con causa justa,
                    yo, que en todo me cuento por postrero,°   last
                    quiero ser el heraldo de esta justa.°   joust

NUM 1:°   Pues yo con todo el pueblo me prefiero
670   hacer de lo que Júpiter más gusta,
                    que son los sacrificios y oblaciones,
                    si van con enmendados° corazones.   repentant

NUM 2:°   Vámonos, y con presta diligencia

---

[7] **Yo os...** *I will draw forth for you from the deep and dark abyss he who will declare the good or bad future*

	hagamos cuanto aquí propuesto habernos,	
675	antes que la 'pestífera dolencia°	foul illness
	de la hambre 'nos ponga en los extremos.°	kills us
	Si tiene el Cielo dada la sentencia	
	de que en este rigor fiero acabemos,	
	revóquela, si acaso lo merece	
680	la presta enmienda° que Numancia ofrece.	rectification

Vanse, y salen MARANDRO *y* LEONICIO, *numantinos.*

	LEONICIO:	Marandro amigo, ¿dó vas,	
		o hacia do mueves el pie?	
	MARANDRO:	Si yo mismo no lo sé,	
		tampoco tú lo sabrás.	
685	LEONICIO:	¡Cómo te saca de seso[8]	
		tu amoroso pensamiento!	
	MARANDRO:	Antes,° después que le° siento,	actually, lo
		tengo más razón y peso.°	weight
	LEONICIO:	Eso ya está averiguado:	
690		que el que sirviere° al amor,	serves
		ha de ser por su dolor	
		con razón muy más pesado.[9]	
	MARANDRO:	De malicia o de agudeza	
		no escapa lo que dijiste.	
695	LEONICIO:	Tú mi agudeza entendiste,	
		mas yo entendí tu simpleza.	

---

[8] **Cómo te...** *how it makes you lose your mind*
[9] **Ha de...** *will be, for good reason, weighed down because of his pain*

MARANDRO:	¿Qué simpleza? ¿Querer bien?	

LEONICIO:	Si al querer no se le mide	
	como la razón lo pide,	
700	con cuándo, cómo y a quién.	

| MARANDRO: | ¿Reglas quies° poner a amor? | quieres |

| LEONICIO: | La razón puede ponellas. | |

| MARANDRO: | Razonables serán ellas, | |
| | mas no de mucho primor. | |

| 705 | LEONICIO: | En la amorosa porfía, |
| | a razón no hay conocella.[10] | |

| MARANDRO: | Amor no va contra ella, | |
| | aunque della° se desvía. | de ella |

	LEONICIO:	¿No es ir contra la razón,
710	siendo tú tan buen soldado,	
	andar tan enamorado	
	en tan extraña ocasión?	
	Al tiempo que del dios Marte	
	'has de° pedir el favor	tienes que
715	¿te entretienes con amor,	
	quien mil blanduras reparte?	
	¿Ves la patria consumida	
	y de enemigos cercada,	
	y tu memoria, burlada	
720	por amor, de ella se olvida?	

---

[10] **En la...** *in the obstinacy of love, there is no awareness of reason*

MARANDRO:	En ira mi pecho se arde	
	por ver que hablas sin cordura.	
	¿Hizo el amor, por ventura,	
	a ningún° pecho cobarde?	**algún**
725	¿Dejé yo la centinela°	lookout post
	por ir donde está mi dama,	
	o estoy durmiendo en la cama	
	cuando mi capitán vela?°	keeps watch
	¿Hasme visto tú faltar	
730	de lo que debo a mi oficio,	
	para algún regalo o vicio,	
	ni menos por bien amar?	
	Y si nada no has hallado	
	de que debo dar disculpa,	
735	¿por qué me das tanta culpa	
	de que sea enamorado?	
	Y si de conversación	
	me ves que ando siempre ajeno,°	apart
	mete la mano en tu seno,	
740	verás si tengo razón.	
	¿No sabes los muchos años	
	que tras Lira ando perdido?	
	¿No sabes que era venido	
	el fin todo a nuestros daños,	
745	porque su padre ordenaba	
	de dármela por mujer,	
	y que Lira su querer	
	con el mío concertaba?	
	También sabes que llegó	
750	en tan dulce coyuntura°	moment
	esta fuerte guerra dura,	
	por quien mi gloria cesó.	
	Dilatóse el casamiento	
	hasta acabar esta guerra,	

755   porque no está nuestra tierra
       para fiestas y contento.
          Mira cuan poca esperanza
       puedo tener de mi gloria,
       pues está nuestra vitoria
760   toda en la enemiga lanza.[11]
          De la hambre fatigados,
       sin medio de algún remedio,
       tal muralla y foso en medio,
       pocos, y ésos encerrados;
765   pues como veo llevar
       mis esperanzas del viento,
       ando triste y descontento,
       ansí cual me ves andar.

LEONICIO: Sosiega,° Marandro, el pecho;   calm
770   vuelve al brío que tenías;
       quizá que por otras vías
       se ordena nuestro provecho,
          y Júpiter soberano
       nos descubra buen camino
775   por do el pueblo numantino
       quede libre del romano,
          y en dulce paz y sosiego
       de tu esposa gozarás,
       y la llama templarás°   you will control
780   de aquese° amoroso fuego;   ese
          que para tener propicio°   favorable
       al gran Júpiter tonante,[12]
       hoy Numancia en este instante
       le quiere hacer sacrificio.

---

[11] **Pues está…** *our victory is in the enemy's lance*
[12] Jupiter Totans, "Jupiter thunderer," is one of the many titles given to the Roman god.

785 Ya el pueblo viene y se muestra
con las víctimas e incienso.
¡Oh, Júpiter, padre inmenso,
mira la miseria nuestra!

*Apártanse a un lado, y salen dos numantinos
vestidos como sacerdotes antiguos, y han de traer
asido de los cuernos*[13] *en medio un carnero° grande,*   ram
*coronado de oliva y otras flores, y un paje con una
fuente° de plata y una toalla, y otro con un jarro*   serving dish
*de agua, y otros dos con dos jarros de vino, y otro
con otra fuente de plata con un poco de incienso,
y otros con fuego y leña, y otro que ponga una mesa
con un tapete donde se ponga todo lo que hubiere en la
comedia,*[14] *en hábitos de numantinos; y luego los*
SACERDOTES, *dejando el uno el carnero de la mano, diga:*

SAC. 1:°   Señales ciertas de dolores ciertos
790   se me han representado en el camino,
                y los canos cabellos tengo yertos.[15]

SAC. 2:°   Si acaso no soy mal adivino°   diviner
                nunca con bien saldremos de esta empresa.°   undertaking
                ¡Ay, desdichado pueblo numantino!

795 SAC. 1:°   Hagamos nuestro oficio con la priesa°   prisa
                que nos incitan los agüeros° tristes.   signs
                Poned, amigos, hacia aquí esa mesa.

---

[13] **Asido de...** *grabbed by the horns*
[14] **Una mesa...** *a table with a covering where all that is needed for the ritual
is placed*
[15] **Y los...** *and my gray hairs are on end*

SAC. 2:°	El vino, incienso y agua que trujisteis°	trajisteis

SAC. 2:°   El vino, incienso y agua que trujisteis°   trajisteis
               poneldo encima y apartaos afuera,
800   y arrepentíos de cuanto mal hicistes: hicisteis
                    que la oblación mejor y la primera
               que se ha de ofrecer al alto Cielo,
               es alma limpia y voluntad sincera.

SAC. 1:°   El fuego no le° hagáis vos en el suelo,   lo
805   que aquí viene brasero° para ello,   brazier
               que así lo pide el religioso celo.

SAC. 2:°   Lavaos las manos y limpiaos el cuello.
               Dad acá el agua. ¿El fuego no se enciende?

NUMAN.:   No hay quien pueda, señores, encendello.

810 SAC. 2:° ¡Oh Júpiter! ¿Qué es esto que pretende
               de hacer en nuestro daño el hado esquivo?
               ¿Cómo el fuego en la tea° no se enciende?   torch

NUMAN.:   Ya parece, señor, que está algo vivo.

SAC. 2:°   Quítate afuera. ¡Oh flaca llama escura,°   oscura
815   qué dolor en mirarte tal recibo!
                    ¿No miras cómo el humo se apresura
               a caminar al lado de Poniente,°   west
               y la amarilla llama, mal segura,
                    sus puntas encamina hacia el Oriente?°   east
820   ¡Desdichada señal, señal notoria
               que nuestro mal y daño está patente!°   clear

SAC. 1:°   Aunque lleven romanos la vitoria
               de nuestra muerte, en humo ha de tornarse,
               y en llamas vivas nuestra muerte y gloria.

825 SAC. 2:°   Pues debe con el vino ruciarse[16]
el sacro fuego, dad acá ese vino
y el incienso también ha de quemarse.

Rocía el fuego con el vino ʹa la redonda,° y luego pone el   around
incienso en el fuego, y dice:

Al bien del triste pueblo numantino
endereza, ¡oh gran Júpiter! la fuerza
830   propicia del contrario amargo sino.[17]
Ansí como este ardiente fuego fuerza
a que en humo se vaya el sacro incienso,
así se haga al enemigo fuerza
para que en humo, eterno padre inmenso,
835   todo su bien, toda su gloria vaya,[18]
ansí como tú puedes y yo pienso;
tengan los Cielos su poder a raya,
ansí como esta víctima tenemos,
y lo que ella ha de haber él también haya.[19]

840 Sac. l:°   Mal responde el agüero; mal podremos
ofrecer esperanza al pueblo triste,
para salir del mal que poseemos.

Hácese ruido debajo del tablado con un barril° lleno de   container

---

[16] **Ruciarse = rociarse** (the wine must be sprinkled over the flame)

[17]**Al bien...** *for the good of the Numantine people, obtain, oh great Jupiter, favorable influence from bitter hostile fate*

[18]**Ansí como...** *in the way this fire forces the sacred incense to go up in smoke, eternal father exert force on the enemy so that all the enemy's fortune turns to smoke and all its glory vanishes*

[19]**Tengan los...** *may heaven keep their (Roman) power at bay just as we hold this victim in our hands and like this victim, may the enemy be laid low*

piedras, y dispárese un cohete volador.[20]

SAC. 2:°   ¿No oyes un ruido, amigo? Di, ¿no viste
el rayo ardiente que pasó volando?
845   Presagio° verdadero de esto fuiste.   *omen*

SAC. l:°   Turbado estoy; de miedo estoy temblando.
¡Oh qué señales! a lo que yo veo,
¡qué amargo fin están pronosticando!
        ¿No ves un escuadrón airado y feo?
850   ¿Vees° unas águilas[21] feas que pelean   **ves**
con otras aves 'en marcial rodeo°?   *circling in battle*

SAC. 2:°   Sólo su esfuerzo y su rigor emplean
en encerrar las aves en un cabo,°   *narrow space*
y con astucia° y arte las rodean.   *astuteness*

855 SAC. 1:°   Tal señal vitupero° y no la alabo.   *I condemn*
¿Águilas imperiales vencedoras?
¡Tú verás de Numancia presto el cabo!°   *end*

SAC. 2:°   Águilas, de gran mal anunciadoras,
partios,° que ya el agüero vuestro entiendo,   *leave*
860   ya en efeto contadas son las horas.

SAC. 1:°   'Con todo,° el sacrificio hacer pretendo   *nevertheless*
de esta inocente víctima, guardada
para aplacar al dios del 'gesto horrendo.°   *horrific face*

SAC. 2:°   ¡Oh gran Plutón,[22] a quien por suerte dada

---

[20] **Hácese ruido...** These directions describe the way in which thunder and lightning were represented on stage in Cervantes' day.

[21] The eagle was a symbol of the Roman Empire.

[22] Pluto was the Roman god of the underworld whose physical ugliness

865   le fue la habitación del reino obscuro
          y el mando en la infernal triste morada!°   abode
             Ansí° vivas en paz, cierto y seguro   may you
          de que la hija de la sacra Ceres²³
          corresponda a tu amor con amor puro,
870   que todo aquello que en provecho vieres
          venir del pueblo triste que te invoca,
          lo allegues cual se espera de quien eres.²⁴
             Atapa° la profunda, escura boca   **tapa**
          por do salen las tres fieras hermanas²⁵
875   a hacernos el daño que nos toca,
             y sean de dañarnos tan livianas °   light
          sus intenciones, que las lleve el viento,
          como se lleva el pelo de estas lanas.°   sheep hair

Quita algunos pelos del carnero, y échalos al aire.

SAC. 1:°   Y ansí° como te baño y ensangriento   in this way
880   este cuchillo en esta sangre pura
          con alma limpia y limpio pensamiento,
             ansí° la tierra de Numancia dura   I hope
          se bañe con la sangre de romanos,
          y aun los sirva también de sepoltura.°   **sepultura**

Sale por el hueco del tablado²⁶ un demonio hasta el medio

---

evoked horror.

²³ Proserpina was the daughter of Ceres, the Roman goddess of agriculture and grain. Proserpina was kidnapped by Pluto and taken to the underworld to be his bride.

²⁴ **Que todo...** *may you take everything good that you see coming from this poor town that invokes you, as would be expected given who you are*

²⁵ The Fates, personifications of destiny. One sister spun the thread of a person's life, another decided how much time was to be allowed each person, and the third cut the thread when one was to die.

²⁶ **Hueco del...** *from under the floorboards of the stage*

cuerpo, y ha de arrebatar° el carnero y volverse a disparar°   snatch, scatter
el fuego y todos los sacrificios.

885 SAC. 2:°   Mas ¿quién me ha arrebatado de las manos
                       la víctima? ¿Qué es esto, dioses santos?
                       ¿Qué prodigios° son éstos tan insanos?   phenomena
                          No os han enternecido° ya los llantos   touched
                       deste pueblo lloroso y afligido,
890   ni la arpada° voz de aquestos° cantos,   broken, **estos**
                          antes creo que se han endurecido, estos
                       cual pueden infirir° en las señales   inferir
                       tan fieras como aquí han acontecido.
                          Nuestros vivos remedios son mortales;
895   toda nuestra pereza es diligencia,
                       y los bienes ajenos, nuestros males.[27]

NUMANTINO: En fin dado han los Cielos la sentencia
                    de nuestro fin amargo y miserable.
                    No nos quiere valer ya su clemencia;
900   lloremos, pues es fin tan lamentable,
                    nuestra desdicha; que la edad postrera
                    del y de nuestras fuerzas siempre hable.[28]

TEÓGENES: Marquino haga la experiencia° entera   experiment
                   de todo su saber, y sepa cuánto
905   nos promete de mal la lastimera°   wretched
                   suerte, que ha vuelto nuestra risa en llanto.

Vanse todos, y quedan MARANDRO *y* LEONICIO.

MARANDRO: Leonicio, ¿qué te parece?

---

[27] **Nuestros vivos...** *Our remedies for living are all fatal; our diligence is considered but idleness, and good things are alien but the bad are ours*
[28] **Que la...** *may posterity always speak of our end and of our courage*

¿Han° remedio nuestros males   tienen
con estas buenas° señales   sure
910   que aquí el Cielo nos ofrece?
¡Tendrá fin mi desventura
cuando se acabe la guerra,
que será cuando la tierra
me sirva de sepoltura!

915   LEONICIO: Marandro, al que es buen soldado
agüeros no le dan pena,
que pone la suerte buena
en el ánimo esforzado,
y esas vanas apariencias
920   nunca le turban el tino:
su brazo es su estrella o sino;
su valor, sus influencias.
Pero si quieres creer
en este notorio engaño,
925   aun quedan, si no me engaño,
experiencias más que hacer,
que Marquino las hará,
las mejores de su ciencia,
y el fin de nuestra dolencia,
930   si es buena o mala, sabrá.
Paréceme que le veo.

MARANDRO: ¡En qué extraño traje viene!
Quien con feos se entretiene,
no es mucho que venga feo.[29]
935   ¿Será acertado seguille?

LEONICIO: Acertado me parece,

---

[29] **Quien con…** *For someone involved in such odd activities it should not be surprising to see him dressed so oddly*

       por si acaso se le ofrece
       algo en que poder serville.

Aquí sale MARQUINO *con una ropa de bocací° grande y*   buckram suit
ancha, y una cabellera° negra, y los pies descalzos, y la   wig
cinta traerá de modo que se le vean tres redomillas° llenas   vessels
de agua: la una negra, y la otra clara, y la otra teñida°con   dyed
azafrán,° y una lanza en la mano, teñida de negro, y en la   saffron
otra un libro; y ha de venir otro con él, que se llama MILBIO,
y cuando entran LEONICIO *y* MARANDRO, *se apartan afuera*
MARQUINO *y* MILBIO.

MARQUINO:	¿Do dices, Milbio, que está el joven triste?

940 MILBIO: En esta sepoltura está encerrado.

    MARQUINO: No yerres° el lugar do le perdiste.   mistake

    MILBIO: No; que con esta yedra° señalado   ivy
                     dejé el lugar adonde el mozo tierno
                     fue con lágrimas tiernas enterrado.

945 MARQUINO: ¿De qué murió?

    MILBIO: Murió de mal gobierno;
                     la flaca hambre le acabó la vida,
                     peste° cruel, salida del infierno.   plague

    MARQUINO: ¿Al fin dices que ninguna herida
                     le cortó el hilo del vital aliento,[30]
950   ni fue cancer ni llaga su homicida?
                     Esto te digo, porque hace al cuento

---

[30] **Le cortó...** *cut the thread of vital strength* (i.e. killed him)

                  de mi saber que esté este cuerpo entero,[31]

                  organizado todo y en su asiento.

MILBIO: Habrá° tres horas que le di el postrero   **hace**

955   reposo y le entregué a la sepoltura,

                  y de hambre murió, como refiero.

MARQUINO: Está muy bien, y es buena coyuntura

                  la que me ofrecen los propicios signos

                  para invocar de la región obscura

960   los feroces espíritus malinos.°   **malignos**

                  Presta atentos oídos a mis versos.

                  Fiero Plutón, que en la región obscura,

                  entre ministros de ánimos perversos,

                  te cupo de reinar suerte y ventura:[32]

965   haz, aunque sean de tu gusto adversos,

                  cumplidos mis deseos en la dura

                  ocasión que te invoco; no te tardes,

                  ni a ser más oprimido de mí aguardes.

                  Quiero que al cuerpo que aquí está encerrado

970   vuelva el alma que le daba vida,

                  aunque el fiero Carón[33] del otro lado

                  la tenga en la ribera denegrida,[34]

                  y aunque en las tres gargantas del airado

                  cancerbero[35] esté penada° y escondida.   **punished**

975   Salga, y torne a la luz del mundo nuestro,

                  que luego tornará al escuro vuestro;

---

[31] **Hace al...** *I need to know that this is an intact body*

[32] **Te cupo...** *luck and fortune allowed you to reign*

[33] Charon was the ferryman of the underworld who transported the souls of the newly dead across the river Acheron into Hades.

[34] **Ribera denegrida** *dark shore* (i.e. the banks of Acheron)

[35] Cerberus was the mythical three-headed hound who guarded the gates of Hades and insured that none of the spirits who had entered the underworld could exit.

y pues ha de salir, salga informada
del fin que ha de tener guerra tan cruda,[36]
y desto no me encubra y calle nada,
980   ni me deje confuso y con más duda
la plática° de esta alma desdichada;   speech
de toda ambigüedad libre y desnuda
tiene de° ser. Envíala ¿qué esperas?   que
¿Esperas a que 'hable con más veras?°   I get angry
985   ¿No desmovéis° la piedra, desleales?°   dislodge, traitors
Decid, ministros falsos: ¿qué os detiene?
¿Cómo no me habéis dado ya señales
de que hacéis lo que digo y me conviene?
¿Buscáis con deteneros vuestros males,
990   o gustáis de que ya al momento ordene
de poner en efeto los conjuros°   incantations
que ablanden vuestros fieros pechos duros?
         Ea, pues, vil canalla° mentirosa;   vile creatures
aparejaos° al duro sentimiento,   prepare yourselves
995   pues sabéis que mi voz es poderosa
de doblaros° la rabia y el tormento.   to double for you
Dime, traidor esposo de la esposa
que seis meses del año[37] a su contento
está, sin duda, haciéndote cornudo:[38]

---

[36] **Y pues...** *and given that it* [the soul] *must rise, let it come out informed about the end that this cruel war must have*

[37] This refers to Pluto and Proserpina. According to Roman mythology, Ceres was so upset at losing her daughter that she refused to continue her work on Earth, which brought about barrenness (winter). To comfort her, Jupiter demanded that Pluto release Proserpina from the underworld. Pluto, however, made his wife eat six pomegranate seeds (symbols of fidelity in marriage) so that she would have to live with him six months of the year. The other six months she could return to Earth, at which time her mother, out of joy, allowed flowers to blossom once more (springtime).

[38] **Haciéndote cornudo** *cuckolding you.* Marquino tries to anger Pluto by suggesting that Proserpina cheats on him the six months of the year she remains on Earth.

1000 ¿por qué a mis peticiones estás mudo?

Este yerro,° bañado en agua clara   hierro
que el suelo no tocó en el mes de mayo,[39]
herirá° en esta piedra, y hará clara   will strike
y patente la fuerza de este ensayo.

Con el agua clara de la redomilla baña el hierro de la lanza,
y luego herirá en la tabla, y debajo suenan cohetes,
y hágase ruido.

1005 Ya parece, canalla, que 'a la clara°   openly
dais muestras de que os toma cruel desmayo.[40]
¿Qué rumores° son éstos? ¡Ea, malvados,   murmurs
que aun sin venir aquí venís forzados![41]

Levantad esta piedra, fementidos,°   traitors
1010 y descubrid el cuerpo que aquí yace.
¿Qué es esto? ¿Qué tardáis? ¿A do sois idos?[42]
¿Cómo mi mando al punto no se hace?
¿No curáis de[43] amenazas, descreídos?°   unbelievers
Pues no esperéis que más os amenace;
1015 esta agua negra del estigio[44] lago
dará a vuestra tardanza presto pago.

Agua de la 'fatal negra laguna,°   the river Styx
cogida en triste noche, escura y negra:
¡por el poder que en ti sola se auna,
1020 a quien otro poder ninguno quiebra,
a la banda diabólica importuna
y a quien la primer forma de culebra

---

[39] May was the month dedicated to Jupiter's supreme authority.
[40] **Os toma...** *you catch a pang of fear*
[41] **Que aun...** *you are not here yet but you come by force*
[42] **A do...** *where have you gone?*
[43] **No curáis de** *do you not care about*
[44] Stygian relates to the river Styx, a mythical river that formed the boundary between Earth and the underworld.

     tomó,[45] conjuro, apremio,° pido y mando   urge
     que venga a obedecerme aquí volando!

Rocía con agua negra la sepultura, y ábrese.

1025   ¡Oh mal logrado mozo! Salid fuera;
     volved a ver el sol claro y sereno;
     dejad aquella región do no se espera
     en ella un día sosegado y bueno;
     dame, pues puedes, relación entera
1030   de lo que has visto en el profundo seno,
     digo de aquello a que mandado eres,
     y más si al caso toca y tú pudieres.[46]

Sale el cuerpo amortajado°, con un rostro de muerte,   shrouded
y va saliendo poco a poco, y, en saliendo, déjase caer
en el tablado.

     ¿Qué es esto? ¿No respondes? ¿No revives?
     ¿Otra vez has gustado de la muerte?
1035   Pues yo haré que con tu pena avives
     y tengas el hablarme a buena suerte.[47]
     Pues eres de los míos, no te esquives
     de hablarme, responderme; mira, advierte
     que, si callas, haré que con tu mengua
1040   sueltes la atada y enojada lengua.[48]

---

[45] **Por el...** *by the power that in you alone is invested, which no other power can break, you who harass the diabolical troop and who first took the form of serpent* (a reference to the devil taking the form of a serpent in the Book of Genesis)

[46] **De aquello...** *of that for which you are sent and better if it concerns us and you can*

[47] **Pues yo...** *I will ensure that your pain spurs you on and makes talking to me your good fortune*

[48] **Advierte que...** *be aware that if you remain mute, I will make sure that to*

Rocía el cuerpo con el agua amarilla, y luego le azotará.°   begins to whip

Espíritus malignos, ¿no aprovecha?
Pues esperad: saldrá el agua encantada,
que hará mi voluntad tan satisfecha
cuanto es la vuestra pérfida y dañada;
1045 y aunque esta carne fuera polvos hecha,
siendo con este azote castigada,
cobrará nueva aunque ligera vida,
del áspero rigor suyo oprimida.
Alma rebelde, vuelve al aposento°   chamber
1050 que pocas horas ha desocupaste.[49]
Ya vuelves, ya lo muestras, ya te siento,
que al fin a tu pesar en él te entraste.

En este punto se estremece el cuerpo, y habla.

MUERTO: Cese la furia del rigor violento
tuyo, Marquino; baste, triste, baste
1055 lo que yo paso en la región obscura,
sin que tú crezcas° más mi desventura.   increase
Engañaste si piensas que recibo
contento de volver a esta penosa,
mísera y corta vida que ahora vivo,
1060 que ya me va faltando presurosa;°   quick
antes me causas un dolor esquivo,
pues otra vez la muerte rigurosa
triunfará de mi vida y de mi alma,
mi enemigo tendrá 'doblada palma,°   double victory
1065 el cual, con otros del escuro bando,
de los que son sujetos a agradarte,

your disgrace your tied and angry tongue is loosened
[49] **Que pocas horas ha desocupaste** = *que desocupaste hace pocas horas*

están con rabia eterna aquí esperando
a que acabe, Marquino, de informarte
del lamentable fin, del mal infando°   abominable
1070   que de Numancia puedo asegurarte,
la cual acabará a las mismas manos
de los que son a ella más cercanos.⁵⁰
    No llevarán romanos la vitoria
de la fuerte Numancia, ni ella menos
1075   tendrá del enemigo triunfo o gloria,
amigos y enemigos siendo buenos;⁵¹
no entiendas que de paz habrá memoria,
que habrá albergue en sus contrarios senos;⁵²
el amigo cuchillo, el homicida
1080   de Numancia será, y será su vida;
    y quédate, Marquino, que los hados
no me conceden más hablar contigo,
y aunque mis dichos tengas por trocados,⁵³
al fin saldrá verdad lo que te digo.

En diciendo esto, se arroja el cuerpo en la sepultura.

1085   MARQUINO: ¡Oh, tristes signos, signos desdichados!
Si esto ha de suceder del pueblo amigo,
primero que mirar tal desventura,
mi vida acabe en esta sepoltura.

Arrójase MARQUINO *en la sepultura.*

MARANDRO: Mira, Leonicio, si ves

---

⁵⁰ **La cual...** *which* [Numantia] *will be destroyed by the hands of those to whom they are the closest* (i.e. by each other)
⁵¹ **Amigos y...** *friends and foes being equal*
⁵² **No entiendas...** *do not believe that there will be a memory of peace, that there will be a common meeting place for peace in their opposing breasts*
⁵³ **Y aunque...** *and even if you consider my words false*

1090   por do yo pueda decir
que no me haya de salir
todo mi gusto al revés.[54]

        De toda nuestra ventura
cerrado está ya el camino;
1095   si no, dígalo Marquino,
el muerto y la sepoltura.[55]

LEONICIO: Que todas son ilusiones,
quimeras y fantasías,
agüeros y hechicerías,
1100   diabólicas invenciones;

        no muestres que tienes poca
ciencia en creer desconciertos:°   decomposing bodies
que poco cuidan los muertos
de lo que a los vivos toca.

1105   MARANDRO: Nunca Marquino hiciera°   haría
desatino tan extraño,
si nuestro futuro daño
como presente no viera.

        Avisemos de este paso
1110   al pueblo, que está mortal.
Mas, para dar nueva tal,
¿quién podrá mover el paso?[56]

---

[54] **Mira, Leonicio...** *look, Leonicio, if you see a way that I can say that all my pleasure will not be turned into misfortune*
[55] **Si no, dígalo...** *if not, say it Marquino, dead and buried*
[56] **Avisemos de...** *Let us notify the town of its future death. But who will move forward to give such news?*

Jornada tercera

Salen ESCIPIÓN, y JUGURTA, Y MARIO, *romanos.*

ESCIPIÓN: 'En forma° estoy contento en mirar cómo   certainly
corresponde a mi gusto la ventura,°   risky enterprise
1115 y esta libre nación soberbia domo°   I subdue
sin fuerzas, solamente con cordura.
En viendo la ocasión, luego la tomo,
porque sé cuánto corre y se apresura,
y si se pasa en cosas de la guerra,
1120 el crédito consume y vida atierra.[1]

Juzgábades a loco desvarío
tener los enemigos encerrados,[2]
y que era mengua del romano brío
no vencellos con modos más usados.
1125 Bien sé que lo habrán dicho; mas yo fío°   guarantee
que los que fueren pláticos° soldados   prácticos
dirán que es de tener en mayor cuenta
la vitoria que menos ensangrienta.

¿Qué gloria puede haber más levantada,
1130 en las cosas de guerra que aquí digo,
que, sin quitar de su lugar la espada,
vencer y sujetar al enemigo?
Que cuando la vitoria es granjeada
con la sangre vertida del amigo,
1135 el gusto mengua que causar pudiera
la que sin sangre tal ganada fuera.[3]

---

[1] **Porque sé...** *because I know that the more one rushes into things, especially in matters of war, the more glory and life is lost*

[2] **Juzgábades a...** *you deemed it pure madness to keep the enemy confined*

[3] **Que cuando...** *when the victory is won with the spilled blood of a friend,*

Tocan una trompeta del muro de Numancia.

JUGURTA:	Oye, señor, que de Numancia suena	
	el son° de una trompeta, y 'me aseguro°	sound, it seems clear
	que decirte algo desde allá se ordena,	
1140	pues el salir acá lo estorba el muro.	
	Caravino se ha puesto en una almena,°	battlement
	y una señal ha hecho de seguro;	
	lleguémonos más cerca.	

ESCIPIÓN:	Ea, lleguemos.
	No más; que desde aquí lo entenderemos.

Pónese CARAVINO *en la muralla, con una bandera*
o lanza en la mano, y dice:

1145 CARAVINO:	¡Romanos! ¡Ah, romanos! ¿Puede acaso	
	ser de vosotros esta voz oída?	

MARIO:	Puesto que más la bajes y hables paso,°	softly
	de cualquier tu razón° será entendida.	message

CARAVINO:	Decid al general que alargue el paso
1150	al foso, porque viene dirigida
	a él una embajada.

ESCIPIÓN:	Dila presto,
	que yo soy Cipión.

CARAVINO:	Escucha el resto.	
	Dice Numancia, general prudente,	
	que consideres bien que ha° muchos años	hace

---

the pleasure is diminished by what might result from the same victory won without blood

1155 que entre la nuestra y tu romana gente
duran los males de la guerra extraños,
y que, por evitar que no se aumente
la dura pestilencia destos daños,
quiere, si tú quisieres, acaballa
1160 con una breve y singular batalla.

Un soldado se ofrece de los nuestros
a combatir 'cerrado en estacada°   in a duel
con cualquiera esforzado de los vuestros,
para acabar contienda tan trabada;
1165 y al que los hados fueren° tan siniestros,   are
que allí le dejen sin la vida amada,
si fuere el nuestro, darémoste la tierra;
si el tuyo fuere, acábese la guerra.

Y por seguridad deste concierto,
1170 daremos a tu gusto las rehenes.°   hostages
Bien sé que 'en él vendrás,° porque   you will agree
estás cierto,
de los soldados que a tu cargo tienes,
y sabes quel° menor, a campo abierto,   que el
hará sudar el pecho, rostro y sienes
1175 al más aventajado de Numancia;
ansí que está segura tu ganancia.

Porque a la ejecución se venga luego,
respóndeme, señor, si estás en ello.

ESCIPIÓN: Donaire° es lo que dices, risa y juego,   witty
1180 y loco el que pensase hacello.
Usad el medio del humilde ruego,
si queréis que se escape vuestro cuello
de probar el rigor y filos° diestros   blades
del romano cuchillo y brazos nuestros.
1185 La fiera° que en la jaula está encerrada   beast
por su selvatiquez° y fuerza dura,   savagery

si puede allí con mano ser domada,
y con el tiempo y medios de cordura,
quien la dejase libre y desatada
1190   daría grandes muestras de locura.
Bestias sois, y por tales encerradas
os tengo donde habéis de ser domadas;
     mía será Numancia a pesar vuestro,
sin que me cueste un mínimo soldado,
1195   y el que tenéis vosotros por más diestro,
rompa por ese foso trincheado;[4]
y si en esto os parece que yo muestro
un poco mi valor acobardado,
el viento lleve agora esta vergüenza,
1200   y vuélvala la fama cuando venza.[5]

Vanse ESCIPIÓN *y los suyos, y dice* CARAVINO:

CARAVINO: ¿No escuchas más, cobarde? ¿Ya te ascondes?° **escondes**
¿Enfádate la igual, justa batalla?
Mal con tu nombradía° correspondes;   *fame*
mal podrás de este modo sustentalla;
1205   en fin, como cobarde me respondes.
Cobardes sois, romanos, vil canalla,
en vuestra muchedumbre confiados,
y no en los diestros brazos levantados.
     ¡Pérfidos, desleales, fementidos,
1210   crueles, revoltosos y tiranos;
cobardes, cudiciosos,° malnacidos,   **codiciosos**
pertinaces, feroces y villanos;
adúlteros, infames, conocidos
'por de industriosas° mas cobardes manos!   *by your trickery*
1215   ¿Qué gloria alcanzaréis en darnos muerte,

---

[4] **Rompa por...** *cross this entrenched ditch*
[5] **El viento...** *let the wind take this shame now and turn it to fame when I win*

        teniéndonos atados de esta suerte?
            En formado escuadrón o manga suelta,
        en la campaña rasa, do no pueda
        estorbar la mortal fiera revuelta

1220   el ancho foso y muro que la veda,[6]
        será bien que, sin dar el pie la vuelta,
        y sin tener jamás la espada queda,°   still
        ese ejército mucho bravo vuestro
        se viera con el poco flaco nuestro;

1225   mas como siempre estáis acostumbrados
        a vencer con ventajas y con mañas,°   guile
        estos conciertos, en valor fundados,
        no los admiten bien vuestras marañas;°   tricks
        liebres° en pieles fieras disfrazados,   hares

1230   load° y engrandeced vuestras hazañas,   praise
        que espero en el gran Júpiter de veros
        sujetos a Numancia y a sus fueros.

Vase, y torna a salir fuera con TEÓGENES *y* CARAVINO,
y MARANDRO, *y otros.*

TEÓGENES: En términos nos tiene nuestra suerte,
                 dulces amigos, que sería ventura

1235   de acabar nuestros daños con la muerte;
                    por nuestro mal, por nuestra desventura,
                 vistes° del sacrificio el triste agüero,   **visteis**
                 y a Marquino tragar la sepoltura;
                    el desafío no ha importado un cero;

1240   ¿de intentar qué me queda? No lo siento.°   understand
                 Uno es aceptar el fin postrero.
                    Esta noche se muestre el ardimiento
                 del numantino acelerado pecho,

---

[6] **En formado…** *in formation or every man on his own in open battle where the wide ditch and wall that prohibits it cannot prevent the deadly uprising*

y póngase por obra nuestro intento.

1245   El enemigo muro sea deshecho;
salgamos a morir a la campaña,
y no como cobardes 'en estrecho.   in a tight spot

    Bien sé que sólo sirve esta hazaña
de que a nuestro morir se mude el modo,
1250   que con ella la muerte se acompaña.[7]

CARAVINO: Con este parecer yo me acomodo.
Morir quiero rompiendo el fuerte muro
y deshacello por mi mano todo;
    mas tiéneme una cosa 'mal siguro:°   unsure
1255   que si nuestras mujeres saben esto,
de que no haremos nada os aseguro.[8]

    Cuando otra vez tuvimos presupuesto°   intention
de huirnos y dejallas, cada uno
fiado en su caballo y vuelo presto,
1260   ellas, que el trato a ellas importuno
supieron, al momento nos robaron
los frenos,[9] sin dejarnos sólo uno.

    Entonces el huir nos estorbaron,
y ansí lo harán agora fácilmente,
1265   si las lágrimas muestran que mostraron.[10]

MARANDRO: Nuestro disinio° a todas es patente;   designio
todas lo saben ya, y no queda alguna
que no se queje dello amargamente,
    y dicen que, en la buena o ruin fortuna,
1270   quieren en vida o muerte acompañarnos,

---

[7] **Bien sé…** *I know well that this feat serves only to change the way we will die, as it will also be accompanied by death*
[8] **Que no…** *we will not be able to do anything I assure you*
[9] **Ellas, que…** *they, finding the deal displeasing, immediately robbed us of our bits*
[10] **Si las…** *if the tears demonstrate now what they did then*

aunque su compañía es importuna.

Entran cuatro MUJERES *de Numancia, cada una con un niño en brazos y otros de las manos, y* LIRA, *doncella.*

Veislas aquí do vienen a rogaros
no las dejéis en tantos embarazos;°   predicaments
aunque seáis de acero, han de ablandaros;

1275
los tiernos hijos vuestros en los brazos
las tristes traen; ¿no veis con qué señales
de amor les dan los últimos abrazos?

MUJER 1:   Dulces señores míos: tras cien males,
hasta aquí de Numancia padecidos,°   suffered

1280
que son menores los que son mortales,[11]

y en los bienes también que ya son idos,
siempre mostramos ser mujeres vuestras,
y vosotros también nuestros maridos.

¿Por qué en las ocasiones tan siniestras

1285
que el cielo airado agora nos ofrece,
nos dais de aquel amor tan cortas muestras?

Hemos sabido, y claro se parece,
que en las romanas manos arrojaros
queréis, pues su rigor menos empece°   offends

1290
que no la hambre de que veis cercaros
de cuyas flacas manos desabridas°   unsavory
por imposible tengo el escaparos.

Peleando queréis dejar las vidas,
y dejarnos también desamparadas,

1295
a deshonras y a muertes ofrecidas.

Nuestro cuello ofreced a las espadas
vuestras primero, que es mejor partido°   deal
que vernos de enemigos deshonradas.

---

[11] **Que son...** *death being among the least of our ills*

Yo tengo en mi intención instituído

1300 que, si puedo, haré cuanto en mí fuere
por morir do muriere mi marido.
Esto mismo hará la que quisiere
mostrar que no los miedos de la muerte
estorban de querer a quien bien quiere,
1305 en buena o en mala, dulce, alegre suerte.

MUJER 2:ª   ¿Qué pensáis, varones claros?°   illustrious
¿Revolvéis aún todavía
en la triste fantasía
de dejarnos y ausentaros?
1310   ¿Queréis dejar, por ventura,
a la romana arrogancia
las vírgenes de Numancia
para mayor desventura,
        y a los libres hijos vuestros
1315 queréis esclavos dejallos?
¿No será mejor ahogallos
con los propios brazos vuestros?
        ¿Queréis hartar° el deseo   to satisfy
de la romana codicia,°   greed
1320 y que triunfe su injusticia
de nuestro justo trofeo?
        ¿Serán por ajenas manos
nuestras casas derribadas?
Y las bodas esperadas
1325 ¿hanlas de gozar romanos?
        En salir haréis error
que acarrea° cien mil yerros,   will cause
porque dejáis sin los perros
el ganado, y sin señor.
1330   Si al foso queréis salir,
llevadnos en tal salida,

porque tendremos por vida
a vuestros lados morir.
       No apresuréis el camino
1335   al morir, porque su estambre
cuidado tiene la hambre
de cercenarla contino.[12]

MUJER 3:ª   Hijos de estas tristes madres,
¿qué es esto? ¿Cómo no habláis
1340   y con lágrimas rogáis
que no os dejen vuestros padres?
       Basta que la hambre insana°   hostile
os acabe con dolor,
sin esperar el rigor
1345   de la aspereza° romana.   sternness
       Decildes que os engendraron
libres, y libres nacistes,
y que vuestras madres tristes
también libres os criaron.
1350   Decildes que, pues la suerte
nuestra va tan decaída,
que, como os dieron la vida,
ansimismo° os den la muerte.   as well
       ¡Oh muros de esta ciudad!
1355   Si podéis hablar, decid
y mil veces repetid:
«¡Numantinos, libertad!»
       Los templos, las casas vuestras,
levantadas en concordia.
1360   Hoy piden misericordia
hijos y mujeres vuestras.
       Ablandad, claros varones,

---

[12] **No apresuréis...** *do not rush towards death, for hunger is continuing to cut short the thread of your lives*

esos pechos diamantinos,°   hard
y mostrad cual numantinos,
1365   amorosos corazones:
        que no por romper el muro
se remedia un mal tamaño;
antes en ello está el daño
más propincuo° y más seguro.   near

1370   LIRA: También las tristes doncellas
ponen en vuestra defensa
el remedio de su ofensa
y el alivio a sus querellas.[13]
        No dejéis tan ricos robos
1375   a las cudiciosas manos.
Mirad que son los romanos
hambrientos y fieros lobos.
        Desesperación notoria
es ésta que hacer queréis,
1380   adonde sólo hallaréis
breve muerte y larga gloria.
        Mas 'ya que° salga mejor   even if
que yo pienso esta hazaña,
¿qué ciudad hay en España
1385   que quiera daros favor?
        Mi pobre ingenio os advierte
que, si hacéis esta salida,
al enemigo dais vida
y a toda Numancia muerte.
1390   De vuestro acuerdo gentil
los romanos burlarán;
pero decidme: ¿qué harán
tres mil con ochenta mil?

---

[13] **También las...** *in addition, the sad maidens place the remedy to their outrage and the satisfaction of their grievances in your protection*

Aunque tuviesen abiertos
1395 los muros y su defensa,
seriades° con ofensa   **seríais**
mal vengados y bien muertos.
Mejor es que la ventura
o el daño que el Cielo ordene
1400 o nos salve o nos condene
de la vida o sepoltura.

TEÓGENES: Limpiad los ojos húmidos° del llanto,   **húmedos**
mujeres tiernas, y tené° entendido   **tened**
que vuestra angustia la sentimos tanto,
1405 que responde al amor nuestro subido.°   **strong**
Ora crezca el dolor, ora el quebranto
sea por nuestro bien disminuido,[14]
jamás en muerte o vida os dejaremos;
antes en muerte o vida os serviremos.
1410 Pensábamos salir al foso, ciertos
antes de allí morir que de escaparnos,
pues fuera quedar vivos aunque muertos,
si muriendo pudiéramos vengarnos;[15]
mas pues nuestros disinios descubiertos
1415 han sido, y es locura aventurarnos,
amados hijos y mujeres nuestras,
nuestras vidas serán de hoy más las vuestras.
Sólo se ha de mirar que el enemigo
no alcance de nosotros triunfo o gloria;
1420 antes ha de servir él de testigo
que apruebe y eternice nuestra historia;

---

[14] **Ora crezca...** *whether our pain increases or our affliction for our own good is diminished*

[15] **Pensábamos salir...** *we contemplated crossing the ditch certain to die rather than escape because if we could avenge ourselves it would be like living even in death*

y si todos 'venís en° lo que digo,   agree with
mil siglos durará nuestra memoria,
y es que no quede cosa aquí en Numancia
1425   de do el contrario pueda hacer ganancia.

En medio de la plaza se haga un fuego,
en cuya ardiente llama licenciosa°   wild
nuestras riquezas todas se echen luego,
desde la pobre a la más rica cosa;
1430   y esto podréis tener a dulce juego
cuando os declare la intención honrosa[16]
que se ha de efectuar después que sea
abrasada cualquier rica presea.°   article

Y para entretener por algún° hora   **alguna**
1435   la hambre que ya roe° nuestros huesos,   gnaws
haréis descuartizar° luego 'a la hora°   chop into pieces, im-
esos tristes romanos que están presos,   mediately
y sin del chico al grande hacer mejora,[17]
repártanse entre todos, que con ésos
1440   será nuestra comida celebrada
por España, cruel,° necesitada.   oppressive

CARAVINO: Amigos, ¿qué os parece? ¿Estáis en esto?
Digo que a mí me tiene satisfecho
y que a la ejecución se venga presto
1445   de un tan extraño y tan honroso hecho.

TEÓGENES: Pues yo de mi intención os diré el resto:
después que sea lo que digo hecho,
vamos a ser ministros todos luego
de encender el ardiente y rico fuego.

---

[16] **Esto podréis...** *this you will consider easy when I tell you next of the honorable plan*
[17] **Y sin...** *and without distinguishing between ages*

1450   MUJER 1.ª   Nosotras desde aquí ya comenzamos
                             a dar con voluntad nuestros arreos,
                             y a las vuestras las vidas entregamos,
                             como se han entregado los deseos.

       LIRA: Pues caminemos presto; vamos, vamos,
1455   y abrásense en un punto los trofeos
                             que pudieran hacer ricas las manos,
                             y aun hartar la codicia de romanos.

Vanse todos, y, al irse, MARANDRO *ase a* LIRA *de la mano, y ella se detiene, y entra* LEONICIO *y apártase a un lado y no le ven, y dice* MARANDRO:

    MARANDRO: No vayas tan de corrida,
                             Lira; déjame gozar
1460   del bien que me puede dar
                             en la muerte alegre vida.
                               Deja que miren mis ojos
                             un rato tu hermosura,
                             pues tanto mi desventura
1465   se entretiene en mis enojos.[18]
                               ¡Oh dulce Lira, que suenas[19]
                             contino en mi fantasía
                             con tan suave agonía,
                             que vuelve en gloria mis penas!
1470   ¿Qué tienes? ¿Qué estás pensando,
                             gloria de mi pensamiento?

       LIRA: Pienso cómo mi contento
                             y el tuyo se va acabando;

---

[18] **Pues tanto...** *for so much of my misfortune entertains itself in my frustrations*

[19] **¡Oh dulce...** A play on "Lira" (*lyre*)

1475	y no será su homicida	
	el cerco de nuestra tierra:	
	que primero que la guerra	
	se me acabará mi vida.[20]	

MARANDRO: ¿Qué dices, bien de mi alma?

LIRA: Que me tiene tal la hambre,
1480   que de mi vital estambre°   thread of life
        llevará presto la palma.
            ¿Qué tálamo° has de esperar   nuptial bed
        de quien está en tal extremo,
        que te aseguro que temo
1485   antes de un° hora expirar?   una
            Mi hermano ayer expiró,
        de la hambre fatigado;
        mi madre ya ha acabado,
        que la hambre la acabó;
1490   y si la hambre y su fuerza
        no ha rendido mi salud,
        es porque la juventud
        contra su rigor me esfuerza;
            pero como ha° tantos días   hace
1495   que no le hago defensa,
        no pueden contra su ofensa
        las débiles fuerzas mías.

MARANDRO: Enjuga,° Lira, los ojos;   dry
        deja que los tristes míos
1500   se vuelvan corrientes ríos,
        nacidos de tus enojos;
            y aunque la hambre ofendida

---

[20] **Y no…** *the siege of our land will not be the cause of its* [our contentment's] *death: before the war is my life will be over*

te tenga tan sin compás,[21]
de hambre no morirás
1505   mientras yo tuviere vida.
     Yo me ofrezco de saltar
el foso y el muro fuerte,
y entrar por la misma muerte
para la tuya excusar.
1510   El pan que el romano toca,
sin que el temor me destruya,
le quitaré de la suya
para ponello en tu boca;
     con mi brazo haré carrera
1515   a tu vida y a mi muerte,[22]
porque más me mata el verte,
señora, de esa manera.
     Yo te traeré de comer
a pesar de los romanos,
1520   si ya° son estas mis manos   todavía
las mismas que solían ser.

LIRA: Hablas como enamorado,
Marandro; pero no es justo
que tome gusto del gusto
1525   por tu peligro comprado.[23]
     Poco podrá sustentarme
cualquier robo que harás,
aunque más cierto hallarás
el perderme que el ganarme.[24]
1530   Goza de tu mocedad,°   youth

---

[21] **Compás** means *rhythm*, another play on Lira's name
[22] **Con mi...** *with my arm I will open a way to your life and to my death*
[23] **Pero no...** *but it is not right to take pleasure in the pleasure (food) won through your peril*
[24] **Aunque más...** *while more certainly you will lose me rather than revive me*

en sanidad ya crecida:
que más importa tu vida
que la mía en la ciudad.
        Tú podrás bien defendella
1535   de la enemiga asechanza,°   trap
        que no la 'flaca pujanza°   flagging strength
        desta tan triste doncella;
            ansí que, mi dulce amor,
        despide ese pensamiento,
1540   que yo no quiero sustento
        ganado con tu sudor;
            que aunque puedas alargar
        mi muerte por algún día,
        esta hambre que porfía°   perseveres
1545   al fin nos ha de acabar.

MARANDRO: ¡En vano trabajas, Lira,
        de impedirme este camino,
        do mi voluntad y sino
        allá me convida y tira!
1550   Tú rogarás entretanto
        a los dioses que me vuelvan
        con despojos° que resuelvan   spoils
        tu miseria y mi quebranto.

LIRA: Marandro, mi dulce amigo,
1555   ¡ay! no vais,° que se me antoja°   vayáis, I anticipate
        que de tu sangre veo roja
        la espada del enemigo.
            No hagas esta jornada,°   difficult undertakin
        Marandro, bien de mi vida,
1560   que, si es mala la salida,
        muy peor será la entrada.
            Sí, quiero aplacar tu brío;

por testigo pongo al Cielo
que de tu daño recelo,
1565   y no del provecho mío.[25]

         Mas si acaso, amado amigo,
prosigues esta contienda,
lleva este abrazo por prenda°   sign
de que me llevas contigo.

1570   MARANDRO: Lira, el Cielo te acompañe.
                       Vete, que a Leonicio veo.

      LIRA: Y a ti cumpla tu deseo
                       y en ninguna cosa dañe.

Vase LIRA, *y dice* LEONICIO :

         Terrible ofrecimiento es el que has hecho,
1575   y en él, Marandro, se nos muestra claro
que no hay cobarde enamorado pecho;
         aunque de tu virtud y valor raro
debe más esperarse; mas yo temo
que el hado infeliz se nos muestre avaro.
1580   He estado atento al miserable extremo
que te ha dicho Lira en que se halla,
indigno, cierto, a su valor supremo,
         y que tú has prometido de libralla
deste presente daño, y arrojarte
1585   en las armas romanas a batalla.
         Yo quiero, buen amigo, acompañarte
y en impresa° tan justa y tan forzosa   empresa
con mis pequeñas fuerzas ayudarte.

    MARANDRO: ¡Oh amistad de mi alma venturosa!

---

[25] **Que de...** *I suspect your harm and not my gain*

1590   ¡Oh amistad no en trabajos dividida,²⁶
                       ni en la ocasión más próspera y dichosa!
                           Goza, Leonicio, de la dulce vida;
                       quédate en la ciudad, que yo no quiero
                       ser de tus verdes años homicida;
1595   yo solo tengo de ir; yo solo espero
                       volver con los despojos merecidos
                       a mi inviolable fee° y amor sincero.   fe

LEONICIO: Pues ya tienes, Marandro, conocidos
                       mis deseos, que, en buena o mala suerte,
1600   al sabor de los tuyos van medidos,²⁷
                           sabrás que no los miedos de la muerte
                       de tí me apartarán un solo punto,
                       ni otra cosa, si la hay, que sea más fuerte.
                           ¡Contigo tengo de ir; contigo junto
1605   he de volver, si ya el Cielo no ordena
                       que quede en tu defensa allá difunto!

MARANDRO: Quédate, amigo; queda enhorabuena,
                       porque si yo acabare° aquí la vida,   lose
                       en esta impresa de peligros llena,
1610   que puedas a mi madre dolorida
                       consolarla en el trance° riguroso,   moment
                       y a la esposa de mí tanto querida.

LEONICIO: Cierto que estás, amigo, muy donoso°   funny
                       en pensar que en tu muerte quedaría
1615   yo con tal quietud y tal reposo,
                           que de consuelo alguno serviría
                       a la doliente madre y triste esposa.

---

²⁶ **No en...** *that does not slacken in difficult moments*
²⁷ **Mis deseos...** *my desires which, in good or bad fortune, are in line with*
yours

Pues en la tuya está la muerte mía,
   segura tengo la ocasión dudosa;[28]
1620   mira cómo ha de ser, Marandro amigo,
   y en el quedarme no me hables cosa.

MARANDRO: Pues no puedo estorbarte el ir conmigo,
   en el silencio de esta noche escura
   tenemos de saltar° al enemigo.   **asaltar**
1625   Lleva ligeras° armas, que ventura   **light**
   es la que ha de ayudar al alto intento,
   que no la malla entretejida y dura.[29]
     Lleva asimismo puesto el pensamiento
   en robar y traer 'a buen recado°   **safely**
1630   lo que pudieres más de bastimento.°   **provisions**

LEONICIO: Vamos, que no saldré de tu mandado.

Vanse, y salen dos NUMANTINOS.

NUM. 1.:°   ¡Derrama, dulce hermano, por los ojos
   el alma en llanto amargo convertida!
   ¡Venga la muerte, y lleve los despojos°   **remnants**
1635   de nuestra miserable y triste vida!

NUM. 2.:°   Bien poco durarán estos enojos:
   que ya la muerte viene apercibida°   **detected**
   para llevar en presto y breve vuelo
   a cuantos pisan de Numancia el suelo.
1640   Principios° veo que prometen presto   **beginnings**
   amargo fin a nuestra dulce tierra,
   sin que tengan cuidado de hacer esto

---

[28] **Segura tengo...** *certain of the uncertain opportunity*
[29] **Malla entretejida...** *interlaced and hard coat of mail*

los contrarios ministros de la guerra.[30]
Nosotros mesmos,° a quien ya es molesto   mismos
1645 y enfadoso el vivir que nos atierra,
hemos dado sentencia irrevocable
de nuestra muerte, aunque cruel, loable.°   laudable
    En la plaza mayor ya levantada
queda una ardiente y cudiciosa hoguera,
1650 que, de nuestras riquezas ministrada,
sus llamas suben a la cuarta esfera.[31]
Allí, con triste priesa acelerada
y con mortal y tímida carrera,
acuden todos, como santa ofrenda,
1655 a sustentar las llamas con su hacienda.
    Allí las perlas del 'rosado oriente,°   rosy East
y el oro en mil vasijas° fabricado,   vessels
y el diamante y rubí más excelente,
y la estimada púrpura y brocado,[32]
1660 en medio del rigor fogoso ardiente
de la encendida llama se ha arrojado;
despojos do pudieran los romanos
'henchir los senos° y ocupar las manos.   to stuff themselves

Aquí salen con cargas de ropa° por una parte,   household objects
y éntranse por otra.

    Vuelve al triste espectáculo la vista;°   audience
1665 verás con cuánta priesa y cuánta gana
toda Numancia en numerosa lista
aguija° a sustentar la llama insana;   hurries
y no con verde leño o seca arista,°   straw
no con materia al consumir liviana,

[30] **Sin que...** *without the hostile ministers of war doing this*
[31] **La cuarta esfera** refers to the sun, according to classical cosmology.
[32] **Púrpura y...** *rich purple robes and brocades*

1670
> sino con sus haciendas mal gozadas,
> pues se guardaron para ser quemadas.

NUM. 1.º
> Si con esto acabara nuestro daño,
> pudiéramos° llevallo con paciencia;   *podríamos*
> mas, ¡ay! que se ha de dar, si no me engaño,

1675
> de que muramos todos cruel sentencia.
> ¡Primero que el rigor bárbaro extraño
> muestre en nuestras gargantas su inclemencia,
> verdugos° de nosotros nuestras manos   *executioners*
> serán, y no los pérfidos romanos!

1680
> Han ordenado que no quede alguna
> mujer, niño ni viejo con la vida,
> pues al fin la cruel hambre importuna
> con más fiero rigor es su homicida.[33]
> Mas ves allí a do asoma, hermano, una

1685
> que, como sabes, fue de mí querida
> un tiempo con extremo tal de amores,
> cual es el que ella tiene de dolores.[34]

Sale una mujer con una criatura en los brazos y otra
de la mano, y ropa para echar en el fuego.

MADRE:
> ¡Oh duro vivir molesto![35]
> ¡Terrible y triste agonía!

1690
HIJO:
> Madre, ¿por ventura habría
> quien nos diese pan por esto?

MADRE:
> ¿Pan, hijo? ¡Ni aun otra cosa

---

[33] **Con más…** *of greater severity is death* (by hunger)
[34] **Cual es…** *like the extreme she feels from hunger pangs*
[35] **¡Oh duro…** *oh, difficult and troublesome life*

que semeje de comer!³⁶

HIJO: ¿Pues tengo de fenecer
1695   de dura hambre rabiosa?
                         ¡Con poco pan que me deis,
                     madre, no os pediré más!

MADRE: ¡Hijo, qué pena me das!

HIJO: ¿Por qué, madre, no queréis?

1700 MADRE: Sí quiero; mas ¿qué haré,
                     que no sé dónde buscallo?

HIJO: Bien podréis, madre, comprallo:
                     si no, yo lo compraré.
                         Mas, por quitarme de afán,°   agony
1705   si alguno conmigo topa,°   run into
                     le daré toda esta ropa
                     por un pedazo de pan.

MADRE: ¿'Qué mamas,° triste criatura?   what are you sucking
                     ¿No sientes que, a mi despecho,°   despair
1710   sacas ya del flaco pecho,
                     por leche, la sangre pura?
                         Lleva la carne a pedazos
                     y procura de hartarte,³⁷
                     que no pueden ya llevarte
1715   mis flacos cansados brazos.
                         Hijos, mi dulce alegría,
                     ¿con qué os podré sustentar,
                     si apenas tengo que os dar

---

³⁶ **Ni aun...** *not even anything that resembles something to eat*
³⁷ **Lleva la...** *take my flesh and satisfy yourself with pieces*

de la propia sangre mía?
1720   ¡Oh hambre terrible y fuerte,
cómo me acabas la vida!
¡Oh guerra, sólo venida
para causarme la muerte!

HIJO: ¡Madre mía, que 'me fino!°   *I'm dying*
1725   Aguijemos.° ¿A do vamos,   *let's hurry*
que parece que alargamos
la hambre con el camino?

MADRE: Hijo, cerca está la plaza
adonde echaremos luego
1730   en mitad del vivo fuego
el peso que te embaraza.°   *hampers*

Vase la mujer y el niño, y quedan los dos.

NUM. 2:°   Apenas puede ya mover el paso
la sin ventura madre desdichada,
que, en tan extraño y lamentable caso,
1735   se ve de dos hijuelos° rodeada.   *hijos*

NUM. l:°   Todos, al fin, al doloroso paso
vendremos de la muerte arrebatada.[38]
Mas moved vos, hermano, agora el vuestro,
a ver qué ordena el gran Senado nuestro.

---

[38] **Al doloroso...** *will arrive at the painful passage to violent death*

Jornada cuarta

Tocan al arma[1] con gran prisa, y a este rumor sale ESCIPIÓN,
y JUGURTA, *y* MARIO, *alborotados.*

ESCIPIÓN:	¿Qué es esto, capitanes? ¿Quién nos toca

1740 ESCIPIÓN: ¿Qué es esto, capitanes? ¿Quién nos toca
al arma en tal sazón?° ¿Es, por ventura,   moment
alguna gente desmandada° y loca   disobedient
que viene a demandar su sepoltura?
Mas no sea algún motín el que provoca
1745 tocar al arma en recia coyuntura:[2]
que tan seguro estoy del enemigo,
que tengo más temor al que es amigo.

Sale QUINTO FABIO *con el espada desnuda, y dice:*

QUINTO: Sosiega el pecho, general prudente,
que ya de esta arma la ocasión se sabe,
1750 puesto que ha sido 'a costa de° tu gente,   at the cost of
de aquel en quien más brío y fuerza cabe.
Dos numantinos, con soberbia frente,
cuyo valor será razón se alabe,[3]
saltando el ancho foso y la muralla,
1755 han movido a tu campo cruel batalla.
    A las primeras guardas embistieron,°   attacked
y en medio de mil lanzas se arrojaron,
y con tal furia y rabia arremetieron,°   assaulted
que libre paso al campo les dejaron.

---

[1] **Tocan al arma** *the call to arms is sounded*
[2] **Mas no…** *I hope it is not some mutiny that causes this call to arms in this
moment of strength*
[3] **Cuyo valor…** *whose courage shall be praiseworthy*

1760   Las tiendas de Fabricio acometieron,°   attacked
        y allí su fuerza y su valor mostraron
        de modo que en un punto seis soldados
        fueron de agudas puntas traspasados.

            No con tanta presteza el rayo ardiente
1765   pasa rompiendo el aire en presto vuelo,
        ni tanto la cometa reluciente
        se muestra y apresura por el cielo,
        como estos dos por medio de tu gente
        pasaron, colorando el duro suelo
1770   con la sangre romana que sacaban
        sus espadas doquiera° que llegaban.   dondequiera

            Queda Fabricio traspasado el pecho;
        abierta la cabeza tiene Eracio;
        Olmida ya perdió el brazo derecho,
1775   y de vivir le queda poco espacio.
        Fuéle ansimismo poco de provecho
        la ligereza al valeroso Estacio,
        pues el correr al numantino fuerte
        fue abreviar el camino de la muerte.

1780   Con presta diligencia discurriendo°   running
        iban de tienda en tienda, hasta que hallaron
        un poco de bizcocho,° el cual cogiendo,   biscuit
        el paso, y no el furor, atrás tornaron.[4]
        El uno de ellos se escapó huyendo;
1785   al otro mil espadas le acabaron;
        por donde infiero que la hambre ha sido
        quien les dio atrevimiento tan subido.

ESCIPIÓN: Si estando deshambridos° y encerrados   very hungry
                muestran tan demasiado atrevimiento,
1790   ¿qué hicieran siendo libres y enterados

---

[4] **El paso...** *they turned back but continued in their frenzy*

en sus fuerzas primeras y ardimiento?[5]
¡Indómitos!° ¡Al fin seréis domados,   unsubmissive people
porque contra el furor vuestro violento
se tiene de poner la industria nuestra,
1795   que de domar soberbios es maestra!

Vanse todos, y sale MARANDRO, *herido y lleno*
de sangre, con una cesta de pan.

MARANDRO: ¿No vienes, Leonicio? Di:
                       ¿qué es esto, mi dulce amigo?
                       Si tú no vienes conmigo,
                       ¿cómo vengo yo sin ti?
1800   Amigo que te has quedado,
                       amigo que te quedaste:
                       no eres tú el que me dejaste,
                       sino yo el que te he dejado.
                             ¿Que es posible que ya dan
1805   tus carnes despedazadas
                       señales averiguadas
                       de lo que cuesta este pan,
                             y es posible que la herida
                       que a ti te dejó difunto,
1810   en aquel instante y punto
                       no me acabó a mí la vida?
                             No quiso el hado cruel
                       acabarme en paso tal,
                       por hacerme a mí más mal
1815   y hacerte a ti más fiel.
                             Tú al fin llevarás la palma
                       de más verdadero amigo;
                       yo a desculparme° contigo   disculparme

---

[5] **Qué hicieran…** *what would they be capable of, being free and having their*
strength and desire intact?

enviaré presto el alma,
1820   y tan presto, que el afán
a morir me lleva y tira
en dando a mi dulce Lira
este tan amargo pan.
     Pan ganado de enemigos;
1825 pero no ha sido ganado,
sino con sangre comprado
de dos sin ventura amigos.

Sale LIRA *con alguna ropa para echarla en el fuego, y dice:*

LIRA: ¿Qué es esto que ven mis ojos?

MARANDRO: Lo que presto no verán,
1830 según la priesa se dan
de acabarme mis enojos.
     Ves aquí, Lira, cumplida
mis palabras y porfías°   demands
de que tú no morirías
1835 mientras yo tuviese vida.
     Y aun podré mejor decir
que presto vendrás a ver
que a ti te sobra el comer
y a mí me falta el vivir.

1840 LIRA: ¿Qué dices, Marandro amado?

MARANDRO: Lira, que acates° el hambre   tend to
entre tanto que la estambre
de mi vida corta el hado;[6]
     pero mi sangre vertida
1845 y con este pan mezclada,

[6] **La estambre** = *el hado corta la estambre de mi vida*

te ha de dar, mi dulce amada,
triste y amarga comida.

    Ves aquí el pan que guardaban
ochenta mil enemigos,
1850   que cuesta de dos amigos
las vidas que más amaban.

    Y porque lo entiendas cierto
y cuánto tu amor merezco,
ya yo, señora, perezco,
1855   y Leonicio está ya muerto.

    Mi voluntad sana y justa
recíbela con amor,
que es la comida mejor
y de que el alma más gusta.

1860   Y pues en tormenta y calma
siempre has sido mi señora,
¡recibe este cuerpo agora,
como recibiste el alma!

Cáese muerto, y recógele en las faldas o regazo° LIRA.   lap

LIRA: ¡Marandro, dulce bien mío!
1865   ¿Qué sentís, o qué tenéis?
¿Cómo tan presto perdéis
vuestro acostumbrado brío?

    Mas, ¡ay triste, sin ventura,
que ya está muerto mi esposo!
1870   ¡Oh caso el más lastimoso
que se vio en la desventura!

    ¿Qué os hizo, dulce amado,
con valor tan excelente,
enamorado y valiente,
1875   y soldado desdichado?

    Hicistes una salida,
esposo mío, de suerte

que, por excusar mi muerte,
me habéis quitado la vida.

1880   ¡Oh pan de la sangre lleno
que por mí se derramó!
¡No te tengo en cuenta, no,
de pan, sino de veneno!

        No te llegaré a mi boca
1885 por poderme sustentar,
si no es para besar
esta sangre que te toca!

Entra un MUCHACHO, *hermano de* LIRA,
hablando desmayadamente.°   *losing consciousness*

MUCHACHO: Lira hermana, ya expiró
mi madre, y mi padre está
1890 en términos, que ya ya
morirá, cual muero yo:
        la hambre le ha acabado.
Hermana mía, ¿pan tienes?
¡Oh pan, y cuan tarde vienes,
1895 que no hay ya pasar bocado![7]
        Tiene la hambre apretada
mi garganta en tal manera,
que, aunque este pan agua fuera,
no pudiera pasar nada.
1900   Tómalo, hermana querida,
que, por más crecer mi afán,
veo que me sobra el pan
cuando me falta la vida.

Cáese muerto.
LIRA: ¿Expiraste, hermano amado?

---

[7] **Que no...** *now that it is not possible to swallow a morsel*

1905 ¡Ni aliento ni vida tiene!
      Bueno es el mal cuando viene
      sin venir acompañado.[8]
            Fortuna, ¿por qué me aquejas
      con un daño y otro junto,
1910 y por qué en un solo punto
      huérfana° y viuda me dejas?   orphan
            ¡Oh duro escuadrón romano!
      ¡Cómo me tiene tu espada
      de dos muertos rodeada:
1915 uno esposo y otro hermano!
            ¿A cuál volveré la cara
      en este trance importuno,
      si en la vida cada uno
      fue prenda del alma cara?[9]
1920 Dulce esposo, hermano tierno,
      yo os igualaré en quereros,
      porque pienso presto veros
      en el cielo o en el infierno.
            En el modo de morir
1925 a entrambos° he de imitar,   ambos
      porque el yerro ha de acabar
      y la hambre mi vivir.
            Primero daré a mi pecho
      una daga que este pan:[10]
1930 que a quien vive con afán
      es la muerte de provecho.
            ¿Qué aguardo? ¡Cobarde estoy!
      Brazo, ¿ya os habéis turbado?
      ¡Dulce esposo, hermano amado,

---

[8] **Bueno es...** *misfortune is acceptable when it does not come accompanied by more misfortune*
[9] **Fue prenda...** *was a sign of a precious soul*
[10] **Primero daré...** *I will give my body this dagger before this bread*

1935   esperadme, que ya voy!

Sale una MUJER *huyendo, y tras ella un* SOLDADO
numantino con una daga para matarla.

MUJER: ¡Eterno padre, Júpiter piadoso,
                                favorecedme en tan adversa suerte!

SOLDADO: ¡Aunque más lleves vuelo presuroso,
                                mi dura mano te dará la muerte!

Entrase la MUJER.

1940   LIRA: El hierro duro, el brazo belicoso
                                contra mí, buen soldado, le convierte;   **conviértelo**
                                deja vivir a quien la vida agrada,
                                y quítame la mía, que me enfada.

SOLDADO: Puesto que es decreto del Senado
1945   que ninguna mujer quede con vida,
                                ¿cuál será el brazo o pecho acelerado
                                que en ese hermoso vuestro dé herida?[11]
                                Yo, señora, no soy tan mal mirado,
                                que me precie de ser[12] vuestro homicida:
1950   otra mano, otro hierro ha de acabaros;
                                que yo sólo nací para adoraros.

LIRA: Esa piedad que quies usar conmigo,
                                valeroso soldado, yo te juro,
                                y al alto Cielo pongo por testigo,
1955   que yo la estimo por rigor muy duro.
                                Tuviérate yo entonces por amigo,

---

[11] **¿Cuál será...** *what arm or impatient heart will wound your breast so fair?*
[12] **Que me...** *that I will boast of being*

cuando, con pecho y ánimo seguro,
este mío afligido traspasaras
y de la amarga vida me privaras.[13]

1960   Pero, pues quies mostrarte piadoso,
tan en daño, señor, de mi contento,
muéstralo agora en que a mi triste esposo
demos el funeral y último asiento.°   repose
También a éste mi hermano, que en reposo
1965   yace, ya libre del vital aliento.
Mi esposo feneció por darme vida;
de mi hermano, la hambre fue homicida.

SOLDADO: Hacer yo lo que mandas está llano,°   simple
con condición que en el camino cuentes
1970   quién a tu buen esposo y caro hermano
trajo a los 'postrimeros acidentes.°   their deaths

LIRA: Amigo, ya el hablar no está en mi mano.[14]

SOLDADO: ¿Que tan al cabo estás? ¿Que tal te sientes?
Lleva a tu hermano, que es de menos carga;
1975   yo a tu esposo, que es más peso y carga.

Llevan los cuerpos, y sale una mujer armada con una lanza
en la mano y un escudo, que significa la GUERRA, *y trae consigo*
la ENFERMEDAD *y la* HAMBRE: *la* ENFERMEDAD
arrimada a una muleta y rodeada de paños la cabeza,
con una máscara amarilla; y la HAMBRE *saldrá con*
un desnudillo de muerte,[15] y encima una ropa bocací
amarilla, y una máscara descolorida.

---

[13] **Tuviérate yo…** *I would consider you a friend if with firm heart and spirit*
you would pierce my sad heart and deprive me of my bitter life
[14] **Ya el…** *speech is no longer in my power*
[15] **Desnudillo de…** *figurine of a naked corpse*

GUERRA: Hambre, Enfermedad, ejecutores
de mis terribles mandos y severos,[16]
de vidas y salud consumidores,
con quien no vale ruego, mando o fieros;°   threats

1980   pues ya de mi intención sois sabidores
no hay para qué de nuevo encareceros°   to stress to you
de cuánto gusto me será y contento[17]
que 'luego luego° hagáis mi mandamiento.   immediately
       La fuerza incontrastable° de los hados,   uncontestable

1985   cuyos efetos° nunca salen vanos,   impacts
me fuerza a que de mí sean ayudados
estos sagaces mílites° romanos.   soldiers
Ellos serán un tiempo levantados,
y abatidos también estos hispanos;

1990   pero tiempo vendrá en que yo me mude,
y dañe al alto y al pequeño ayude;
       que yo, que soy la poderosa Guerra,
de tantas madres detestada en vano,
aunque quien me maldice a veces yerra,

1995   pues no sabe el valor de esta mi mano,
sé bien que en todo el orbe de la tierra
seré llevada del valor hispano
en la dulce ocasión que estén reinando
un Carlos, y un Felipo, y un Fernando.[18]

2000   ENFERMEDAD: Si ya la hambre, nuestra amiga querida,
no hubiera tomado con instancia
a su cargo de ser fiera homicida
de todos cuantos viven en Numancia,

---

[16] **Terribles mandos…***terrible and harsh commands*
[17] **Cuánto gusto me será y contento** = *cuánto gusto y contento me será*
[18] Charles V (grandson of Ferdinand II and first king of a unified Spain, 1516-1556), Phillip II (son of Charles V, 1556-1598), and Ferdinand of Aragon (Ferdinand II, 1479-1516)

fuera de mí tu voluntad cumplida
2005   de modo que se viera la ganancia
fácil y rica quel romano hubiera,
harto mejor de aquella que se espera.[19]

    Mas ella,° en cuanto su poder alcanza,   hunger
ya tiene tal al pueblo numantino,
2010   que de esperar alguna buena andanza,
le ha tomado las sendas y el camino;[20]
mas del furor la rigurosa lanza,
la influencia del contrario sino,
le trata con tan áspera violencia,
2015   que no es menester hambre ni dolencia.[21]

    El furor y la rabia, tus secuaces,°   followers
han tomado en su pecho tal asiento,
que, cual si fuese de romanas haces,
cada cual de su sangre está sediento.[22]
2020   Muertos, incendios, iras, son sus paces;
en el morir han puesto su contento,
y por quitar el triunfo a los romanos,
ellos mesmos se matan con sus manos.

HAMBRE: Volved los ojos, y veréis ardiendo
2025   de la ciudad los encumbrados° techos.   high
Escuchad los suspiros que saliendo
van de mil tristes, lastimados pechos.
Oíd la voz y lamentable estruendo°   din

---

[19] **Fuera de...** _your will would be fulfilled by me in such a way that the Roman victory would be easy and great much better than what is to be_

[20] **De esperar...** _what good fortune we might have expected, she has already marked for her own_

[21] **Mas del...** _but frenzy's cruel lance, hostile fate's influence, treat the Numantine people with such severe violence that neither hunger nor disease are necessary_

[22] **Cual si...**_[The Numantines] thirst for each other's blood as if it were Roman blood_

de bellas damas a quien, ya deshechos
2030   los tiernos miembros de ceniza y fuego,
no valen padre, amigo, amor ni ruego.[23]

Cual suelen las ovejas descuidadas,
siendo del fiero lobo acometidas,°   overcome
andar aquí y allí descarriadas,°   dispersed
2035   con temor de perder las simples vidas,
tal niños y mujeres desdichadas,
viendo ya las espadas homicidas,
andan de calle en calle, ¡oh hado insano!
su cierta muerte dilatando en vano.

2040   Al pecho de la amada y nueva esposa
traspasa del esposo el hierro agudo.
Contra la madre, ¡nunca vista cosa!
se muestra el hijo de piedad desnudo;°   devoid
y contra el hijo, el padre, con rabiosa
2045   clemencia levantado el brazo crudo,
rompe aquellas entrañas que ha engendrado,
quedando satisfecho y lastimado.

No hay plaza, no hay rincón, no hay calle o casa
que de sangre y de muertos no esté llena;
2050   el hierro mata, el duro fuego abrasa
y el rigor ferocísimo condena.
Presto veréis que por el suelo tasa
hasta la más subida y alta almena,[24]
y las casas y templos más preciados
2055   en polvo y en cenizas son tornados.

Venid; veréis que en los amados cuellos
de tiernos hijos y mujer querida,
Teógenes afila agora y prueba en ellos
de su espada al cruel corte homicida,

---

[23] **No valen...** *neither supplication, nor friend nor kin can bring relief*
[24] **Presto veréis...** *soon you will see reduced to the ground even the highest and strongest battlement*

2060   y cómo ya, después de muertos ellos,
             estima en poco la cansada vida,
             buscando de morir un modo extraño,
             que causó en el suyo más de un daño.[25]

GUERRA: Vamos, pues, y ninguno se descuide
2065   de ejecutar por eso aquí su fuerza,
             y a lo que digo sólo atienda y cuide,
             sin que de mi intención un punto tuerza.[26]

Vanse, y sale TEÓGENES *con dos hijos pequeños y una hija
y su mujer.*

TEÓGENES: Cuando el paterno amor no me detiene
             de ejecutar la furia de mi intento,
2070   considerad, mis hijos, cuál° me tiene   to what extent
             el celo de mi honroso pensamiento.
             Terrible es el dolor que se previene
             con acabar la vida en fin violento[27]
             y más el mío,[28] pues al hado plugo°   pleased
2075   que yo sea de vosotros cruel verdugo.
                  No quedaréis, ¡oh hijos de mi alma!
             esclavos, ni el romano poderío
             llevará de vosotros triunfo o palma,
             por más que a sujetarnos alce el brío;[29]
2080   el camino más llano que la palma
             de nuestra libertad el Cielo pío°   merciful
             nos ofrece y nos muestra y nos advierte

---

[25] **Buscando de...** *looking to die in a singular way, having caused more than
a little pain to his fellow man*
[26] **Sin que...** *without straying from my plan on even the slightest point*
[27] **Terrible es...** *Terrible is the pain that is felt when dying violently*
[28] **Y más el mío** = *y más mi dolor*
[29] **Por más...** *no matter how much the Roman force is inspired to subjugate
us*

que sólo está en las manos de la muerte.
    Ni vos, dulce consorte,° amada mía,   spouse

2085 os veréis en peligro que romanos
pongan en vuestro pecho y gallardía°   elegance
los vanos ojos y las fieras manos.
Mi espada os sacará de esta agonía,
y hará que sus intentos salgan vanos,

2090 pues por más que codicia les atiza,°   energizes
triunfarán de Numancia hecha ceniza.
    Yo soy, consorte amada, el que primero
di el parecer que todos perezcamos
antes que al insufrible desafuero

2095 del romano poder sujetos seamos;
y en el morir no pienso ser postrero,
ni lo serán mis hijos.

MUJER: ¿No podamos
escaparnos, señor, por otra vía?
¡El Cielo sabe si me holgaría!³⁰

2100   Mas pues no puede ser, según yo veo,
y está ya mi muerte tan cercana,
lleva de nuestras vidas tú el trofeo,
y no la espada pérfida romana.
Mas, ya que he de morir, morir deseo

2105 en el sagrado templo de Diana.³¹
Allá nos lleva, buen señor, y luego
entréganos al hierro, al rayo, al fuego.

TEÓGENES: Ansí se haga, y no nos detengamos,
que ya a morir me incita el triste hado.

---

³⁰ **El cielo...** *if heaven knows I would be pleased*
³¹ Diana was the Roman virgin goddess of the hunt, also considered an
emblem of chastity.

2110	HIJO:	Madre, ¿por qué lloráis? ¿Adónde vamos?
		Teneos,° que andar no puedo de cansado. hold it
		Mejor será, mi madre, que comamos,
		que la hambre me tiene fatigado.

	MUJER:	Ven en mis brazos, hijo de mi vida,
2115		do te daré la muerte por comida.

Vanse, y salen dos MUCHACHOS *huyendo, y el uno de ellos
es el que se arrojó de la torre.*

	MUCHACHO:	¿Dónde quieres que huyamos,
		Servio?

	SERVIO:	Yo, 'por do quisieres.° wherever you choose

	MUCHACHO:	Camina; ¡qué flaco eres!
		Tú ordenas que aquí muramos
2120		¿No ves, triste, que nos siguen
		dos mil hierros por matarnos?

	SERVIO:	Imposible es escaparnos
		de aquellos que nos persiguen.
		Mas di: ¿qué piensas hacer,
2125		o qué medio hay que nos cuadre?

	MUCHACHO:	A una torre de mi padre
		me pienso de ir a esconder.

	SERVIO:	Amigo, bien puedes irte;
		que yo estoy tan flaco y laso° weary
2130		de hambre, que un solo paso
		no puedo dar, ni seguirte.

	MUCHACHO:	¿No quieres venir?

SERVIO: No puedo.

MUCHACHO: Si no puedes caminar
                       ahí te habrá de acabar
2135   la hambre, la espada o miedo.
                          Yo voyme, porque ya temo
                       lo que el vivir desbarata:°   undoes
                       o que la espada me mata,
                       o que en el fuego me quemo.

Vase el MUCHACHO *a la torre, y queda* SERVIO, *y sale*
TEÓGENES *con dos espadas desnudas y ensangrentadas las*
manos, y como SERVIO *le ve, huye y éntrase, y dice* TEÓGENES:

2140   TEÓGENES: Sangre de mis entrañas derramada,
                       pues sois aquélla de los hijos míos;
                       mano contra ti mesma acelerada,
                       llena de honrosos y 'crueles bríos;°   bold terrible acts
                       fortuna, en daño mío conjurada;
2145   cielos, de justa piedad vacíos:
                       ofrecedme en tan dura, amarga suerte,
                       alguna honrosa, aunque cercana muerte.
                          Valientes numantinos, haced cuenta
                       que yo soy algún pérfido romano,
2150   y vengad en mi pecho vuestra afrenta,
                       ensangrentando en él espada y mano.
                       Una de estas espadas os presenta
                       mi airada furia y mi dolor insano:
                       que, muriendo en batalla, no se siente
2155   tanto el rigor del último accidente.[32]
                          El que privare del vital sosiego
                       al otro, por señal de beneficio

---

[32] **Que muriendo...** *for dying in battle one does not feel the severity of death*

entregue el desdichado cuerpo al fuego,[33]
que éste será bien piadoso oficio.

2160   Venid; ¿qué os detenéis? Acudid luego;
haced ya de mi vida sacrificio,
y esta terneza que tenéis de amigos,
volved en rabia y furia de enemigos.[34]

Sale un NUMANTINO, Y *dice:*

NUMANTINO: ¿A quién, fuerte Teógenes, agora invocas?

2165   ¿Qué nuevo modo de morir procuras?
¿Para qué nos incitas y provocas
a tantas desiguales° desventuras?   extreme

TEÓGENES: Valiente numantino, si no apocas
con el miedo tus bravas fuerzas duras,

2170   toma esta espada y mátate conmigo,
ansí como si fuese tu enemigo:
que esta manera de morir me place
en este trance más que en otra alguna.

NUMANTINO: También a mí me agrada y satisface,

2175   pues que lo quiere ansí nuestra fortuna;
mas vamos a la plaza adonde yace
la hoguera a nuestras vidas importuna,
por que el que allí venciere pueda luego
entregar al vencido al duro fuego.

2180   TEÓGENES: Bien dices; y camina, que se tarda
el tiempo de morir como deseo.

---

[33] **El que...** *he who deprives the other of his life must deliver the poor body, for its own good, to the fire*

[34] **Y esta...** *and this love that you have as friends turn it into the rage and intensity of enemies*

¡Ora me mate el hierro, o el fuego me arda,[35]
que gloria y honra en cualquier muerte veo!

Vanse, y sale ESCIPION, y JUGURTA, Y QUINTO FABIO,
y MARIO, y ERMILIO, y LIMPIO, y *otros soldados romanos.*

ESCIPIÓN:	Si no me engaña el pensamiento mío,	
2185	o salen mentirosas las señales	
	que habéis visto en Numancia del estruendo	
	y lamentable son y ardiente llama,	
	sin duda alguna que recelo y temo	
	que el bárbaro furor del enemigo	
2190	contra su propio pecho 'no se vuelva.°	turns
	Ya no parece° gente en la muralla,	aparece
	ni suenan las usadas centinelas.	
	Todo está en calma y en silencio puesto,	
	como si en paz tranquila y sosegada	
2195	estuviesen los fieros numantinos.	
MARIO:	Presto podrás salir de aquesa duda,	
	porque, si tú lo quieres, yo me ofrezco	
	de subir sobre el muro, aunque me ponga	
	al riguroso trance que se ofrece,	
2200	sólo por ver aquello que en Numancia	
	hacen nuestros soberbios enemigos.	
ESCIPIÓN:	Arrima, pues, ¡oh, Mario! alguna escala	
	a la muralla, y haz lo que prometes.	
MARIO:	Id por la escala luego, y vos, Ermilio,	
2205	haced que mi rodela° se me traiga	round shield
	y la celada° blanca de las plumas:	war helmet
	que a fe que tengo de perder la vida,	

---

[35] **Ora me...** *whether the iron kills me or the fire burns me*

o sacar de esta duda al campo todo.

ERMILIO:
Ves aquí la rodela y la celada;
2210
la escala vesla° allí: la trajo Limpio.   **vela**

MARIO:
Encomiéndame a Júpiter inmenso,
que yo voy a cumplir lo prometido.

JUGURTA:
Alza más alta la rodela, Mario.
Encoge el cuerpo y cubre la cabeza.
2215
¡Ánimo, que ya llegas a lo alto!
¿Qué ves?

MARIO:
                    ¡Oh santos dioses! ¿Y qué es esto?

JUGURTA:
¿De qué te admiras?

MARIO:
                              De mirar de sangre
un rojo lago, y de ver mil cuerpos
tendidos por las calles de Numancia,
2220
de mil agudas puntas traspasados.

ESCIPIÓN:
¿Que no hay ninguno vivo?

MARIO:
                                        ¡Ni por pienso!³⁶
A lo menos, ninguno se me ofrece
en todo cuanto alcanzo con la vista.

ESCIPIÓN:
Salta, pues, dentro, y mira, por tu vida.
2225
Sigúele tú también, Jugurta amigo.

Salta MARIO *en la ciudad.*

---

³⁶ **Ni por...** *don't even think about it*

Mas sigámosle todos.

JUGURTA: No conviene
al oficio que tienes[37] esta impresa.
Sosiega el pecho, general, y espera
que Mario vuelva, o yo, con la respuesta
2230   de lo que pasa en la ciudad soberbia.
Tened bien esa escala. ¡Oh cielos justos!°   punitive
¡Oh cuan triste espectáculo y horrendo
se me ofrece a la vista! ¡Oh caso extraño!
Caliente sangre baña todo el suelo;
2235   cuerpos muertos ocupan plaza y calles.
Dentro quiero saltar y verlo todo.

Salta JUGURTA *en la ciudad.*

QUINTO: Sin duda que los fieros numantinos,
del bárbaro furor suyo incitados,
viéndose sin remedio de salvarse,
2240   antes quisieron entregar las vidas
al filo agudo de sus propios hierros
que no a las vencedoras manos nuestras,
aborrecidas de ellos lo posible.[38]

ESCIPIÓN: Con uno solo que quedase vivo
2245   no se me negaría el triunfo en Roma[39]
de haber domado esta nación soberbia,
enemiga mortal de nuestro nombre,
constante en su opinión, presta, arrojada
al peligro mayor y duro trance;

---

[37] **No conviene...** *it does not suit your rank*

[38] **Aborrecidas de...** *abhorred by them more than anything else*

[39] It was a tradition that captives from a conquered land be brought back to Rome as proof of triumph. Without these, Scipio fears his victory will not be recognized by the Senate.

2250   de quien jamás se alabará romano
        que vio la espalda vuelta a numantino,[40]
        cuyo valor, cuya destreza en armas
        me forzó con razón a usar el medio
        de encerrallos cual fieras indomables
2255   y triunfar de ellos con industria y maña,
        pues era con las fuerzas imposible.
        Pero ya me parece vuelve Mario.

Torna a salir MARIO *por la muralla, y dice:*

MARIO: En balde, ilustre general prudente,
        han sido nuestras fuerzas ocupadas.
2260   En balde te has mostrado diligente,
           pues en humo y en viento son tornadas
        las ciertas esperanzas de vitoria,
        de tu industria contino° aseguradas.   **continuamente**
           El lamentable fin, la triste historia
2265   de la ciudad invicta° de Numancia   unconquered
        merece ser eterna la memoria;
           sacado han de su pérdida ganancia;
        quitado te han el triunfo de las manos,
        muriendo con magnánima constancia;
2270   nuestros disinios han salido vanos,
        pues ha podido más su honroso intento
        que toda la potencia de romanos.
           El fatigado pueblo en fin violento
        acaba la miseria de su vida,
2275   dando triste remate° al largo cuento.   conclusion
           Numancia está en un lago convertida
        de roja sangre, y de mil cuerpos llena,
        de quien fue su rigor propio homicida.

---

[40] **De quien…** *of whom no Roman can boast of ever having seen a Numantine turn his back*

De la pesada y sin igual cadena
2280 dura de esclavitud se han escapado
con presta audacia, de temor ajena.[41]

En medio de la plaza levantado
está un ardiente fuego temeroso,
de sus cuerpos y haciendas sustentado;
2285 a tiempo llegué a verlo que el furioso
Teógenes, valiente numantino,
de fenecer su vida deseoso,

maldiciendo su corto amargo sino,
en medio se arrojaba de la llama,
2290 lleno de temerario desatino,`

y al arrojarse dijo: «Clara fama,
ocupa aquí tus lenguas y tus ojos
en esta hazaña, que a contar te llama.[42]

¡Venid, romanos, ya por los despojos
2295 desta ciudad, en polvo y humo vueltos,
y sus flores y frutos en abrojos!°»   thorns

De allí, con pies y pensamientos sueltos,
gran parte de la tierra he rodeado,
por las calles y pasos más revueltos,
2300 y un solo numantino no he hallado
que poderte traer vivo siquiera,
para que fueras dél bien informado

por qué ocasión, de qué suerte o manera
cometieron tan grande desvarío,
2305 apresurando la mortal carrera.

ESCIPIÓN: ¿Estaba, por ventura, el pecho mío
de bárbara arrogancia y muertes lleno,
y de piedad justísima vacío?[43]

---

[41] **Con presta...** *with ready courage and without fear*
[42] **Que a...** *that calls you to recount it*
[43] **Estaba, por...** *was my heart, by chance, filled with extreme arrogance*

¿Es de mi condición,° por dicha, ajeno   nature
2310   usar benignidad con el rendido,
como conviene al vencedor que es bueno?
   ¡Mal, por cierto, tenían conocido
el valor en Numancia de mi pecho,
para vencer y perdonar nacido!⁴⁴

2315 QUINTO: Jugurta te hará más satisfecho,
señor, de aquello que saber deseas,
que vesle vuelve lleno de despecho.⁴⁵

Asómase JUGURTA *a la muralla.*

JUGURTA: Prudente general, en vano empleas
más aquí tu valor. Vuelve a otra parte
2320   la industria singular de que te arreas.⁴⁶
   No hay en Numancia cosa en que ocuparte.
Todos son muertos, y sólo uno creo
que queda vivo para el triunfo darte,
   allí en aquella torre, según veo.
2325 Yo vi denantes° un muchacho; estaba   before
turbado en vista y de gentil arreo.°   dress

ESCIPIÓN: Si eso fuese verdad, eso bastaba°   bastaría
para triunfar en Roma de Numancia,
que es lo que más agora deseaba.°   desearía
2330   Lleguémonos allá, y haced instancia
cómo el muchacho venga a aquestas manos

---

and death and empty of appropriate mercy
⁴⁴ **¡Mal, por...** *certainly the courage born in my heart to defeat and then pardon is not known in Numantia*
⁴⁵ **Vesle vuelve...** *see him return filled with despair*
⁴⁶ **Vuelve a...** *turn to some other place the singular ingenuity for which you are famed*

vivo,[47] que es lo que agora es de importancia.

Dice BARIATO,[48] *muchacho, desde la torre:*

BARIATO: ¿Dónde venís, o qué buscáis, romanos?
                       Si en Numancia queréis entrar por fuerte,
2335   haréislo sin contraste,[49] a pasos llanos;
                            pero mi lengua desde aquí os advierte
                       que yo las llaves mal guardadas tengo
                       desta ciudad, de quien triunfó la muerte.

ESCIPIÓN: Por ésas, joven, deseoso vengo;
2340   y más de que tú hagas experiencia
                       si en este pecho piedad sostengo.

BARIATO: ¡Tarde, cruel, ofreces tu clemencia,
                       pues no hay con quien usarla: que yo quiero
                       pasar por el rigor de la sentencia
2345   que con suceso amargo y lastimero
                       de mis padres y patria tan querida
                       causó el último fin terrible y fiero!

QUINTO: Dime: ¿tienes, por suerte, aborrecida,
                       ciego de un temerario desvarío,
2350   tu floreciente edad y tierna vida?[50]

ESCIPIÓN: Templa, pequeño joven, templa el brío;

---

[47] **Haced instancia…** *make an appeal so that the boy can be brought to these hands* (to me) *alive*

[48] Named for Viriathus, the Lusitanian warrior who led his tribe, the Lusitani, to victory over the Romans on several occasions (147-139 BC).

[49] **Si en…** *if you wish to enter Numantia by force, you may do it without opposition*

[50] **Tienes por…** *do you, by chance, hate your youth and sweet life, blinded by a rash madness*

sujeta el valor tuyo, que es pequeño,
al mayor de mi honroso poderío;
   que desde aquí te doy la fee y empeño°   I pledge
2355 mi palabra que sólo de ti seas
tú mismo propio el conocido dueño;
   y que de ricas joyas y preseas
vivas lo que vivieres abastado,°   satisfied
como yo podré darte y tú deseas,
2360 si a mí te entregas y te das 'de grado.°   voluntarily

BARIATO: Todo el furor de cuantos ya son muertos
en este pueblo, en polvo reducido;
todo el huir los pactos y conciertos,
ni el dar a sujeción jamás oído,[51]
2365 sus iras, sus rancores° descubiertos,   rencores
está en mi pecho solamente unido.
Yo heredé de Numancia todo el brío;
ved, si pensáis vencerme, es desvarío.
   Patria querida, pueblo desdichado,
2370 no temas ni imagines que me admire
de lo que debo hacer, en ti engendrado,
ni que promesa o miedo me retire,
ora me falte el suelo, el cielo, el hado,
ora vencerme todo el mundo aspire;[52]
2375 que imposible será que yo no haga
a tu valor la merecida paga.
   Que si a esconderme aquí me trujo°   trajo
   el miedo
de la cercana y espantosa muerte,
ella me sacará con más denuedo,°   determination
2380 con el deseo de seguir tu suerte;

[51] **Todo el huir...** *all the fleeing from pacts and agreements and the dismissal of offers of submission*
[52] **Ora me...** *whether the earth, heaven, and fate fail me or whether the whole world aspires to defeat me*

del vil temor pasado, como puedo,
será la enmienda agora osada y fuerte,
y el error de mi edad tierna inocente
pagaré con morir osadamente.

2385   Yo os aseguro, ¡oh fuertes ciudadanos!
que no falte por mí la intención vuestra
de que no triunfen pérfidos romanos,
si ya no fuere de ceniza nuestra.
Saldrán conmigo sus intentos vanos,
2390   ora levanten contra mí su diestra,
o me aseguren con promesa incierta
a vida y a regalos ancha puerta.

Tened, romanos, sosegad el brío,
y no os canséis en asaltar el muro;
2395   'con que° fuera mayor el poderío   even if
vuestro, de no vencerme estad seguro.
Pero muéstrese ya el intento mío,
y si ha sido el amor perfecto y puro
que yo tuve a mi patria tan querida,
2400   asegúrelo luego esta caída.

Arrójase el muchacho de la torre, y suena una trompeta,
y sale la FAMA, *y dice* ESCIPIÓN :

ESCIPIÓN: ¡Oh! ¡Nunca vi tan memorable hazaña!
¡Niño de anciano y valeroso pecho,
que, no sólo a Numancia, mas a España
has adquirido gloria en este hecho;
2405   con tu viva virtud, heroica, extraña,
queda muerto y perdido mi derecho!°   rule
Tú con esta caída levantaste
tu fama y mis vitorias derribaste.

Que fuera viva y en su ser Numancia,

2410
sólo porque vivieras me holgara.[53]
Que tú solo has llevado la ganancia
desta larga contienda, ilustre y rara;
lleva, pues, niño, lleva la jactancia°   boasting
y la gloria que el cielo te prepara,
2415
por haber, derribándote, vencido
al que, subiendo, queda más caído.[54]

Entra la FAMA, *vestida de blanco, y dice:*

FAMA: Vaya mi clara voz de gente en gente,
y en dulce y suave son, con tal sonido
llene las almas de un deseo ardiente
2420
de eternizar un hecho tan subido.
Alzad, romanos, la inclinada frente;
llevad de aquí este cuerpo, que ha podido
en tan pequeña edad arrebataros
el triunfo que pudiera tanto honraros,
2425
que yo, que soy la Fama pregonera,°   proclaimer
tendré cuidado, en cuanto el alto Cielo
moviere el paso en la subida esfera,
dando fuerza y vigor al bajo suelo,
a publicar con lengua verdadera,
2430
con justo intento y presuroso vuelo,
el valor de Numancia único, solo,
de Batria a Tile,[55] de uno a el otro polo.
Indicio ha dado esta no vista hazaña
del valor que los siglos venideros

---

[53] **Que fuera…** *I would rejoice if Numantia were alive and well if only so you could live*

[54] **Por haber…** *for having defeated by your fall he who was ascending, is now brought low*

[55] Bactria was a region in what is now Afghanistan, and Thule was either modern Iceland or the largest of the Shetland Islands. These were the two extreme ends of the known world.

2435   tendrán los hijos de la fuerte España,
         hijos de tales padres herederos.
         No de la muerte la feroz guadaña,°   scythe
         ni los cursos de tiempos tan ligeros
         harán que de Numancia yo no cante
2440   el fuerte brazo y ánimo constante.
              Hallo sólo en Numancia todo cuanto
         debe con justo título cantarse,
         y lo que puede dar materia al llanto
         para poder mil siglos ocuparse:
2445   la fuerza no vencida, el valor tanto,
         digno de prosa y verso celebrarse;
         mas, pues desto se encarga la memoria,
         demos feliz remate a nuestra historia.

         FIN DE «LA NUMANCIA»

Spanish-English Glossary

This glossary contains most of the words found in *La Numancia* with the exception of commonly understood words and cognates. Many words will look familiar to the student but may have had a slightly different use in the 16th century. Also, often a word's meaning will vary, depending on its context. Therefore, in the glossary, each distinct meaning is followed by the act in which the word with that meaning first appears. When reading the play, be careful to choose the definition that fits the context.

Conjugated verbs are listed in their infinitive form, and unusual tense forms are noted in parentheses after the verb entry. Adjectives are found in their masculine singular form with −a designating the feminine alternative. A word with the same form, whether it be a noun, adjective or adverb, is identified by one of the following abbreviations: **n., adj.** or **adv.**, and the plural form of a noun is designated as **pl.**

A

abajar to curb [I]
abastado, -a satisfied [IV]
abatido, -a humbled [I]
ablandar to soften [II]
aborrecido, -a abhorred [IV]
abrasado, -a aflame [I]
abrasar to burn [III]
abreviado, -a dwarfed [I]
abreviar to reduce [IV]
abrojo thorn [IV]
acarrear to cause [III]
acaso perhaps [III]
acaso, por si just in case [II]
acaso, si if [II]
acatar to tend to [IV]
acelerado, -a impatient [III]
acentos cries [I]
acerado, -a steel [I]
acertado, -a right [II]
acero steel [III]
acetar = aceptar to accept [I]
acidente = accidente misfortune [IV]
acobardado, -a cowardly [III]
acometer to attack [IV]
acometido, -a overcome [IV]
acomodar to adapt to [III]

acontecer to take place [II]
acortar to limit [I]
acrecentar to increase [I]
acudir to come [III]
acuerdo agreement [III]
ademán demeanor [I]
aderezo decoration [I]
adivino diviner [II]
admirar to surprise [IV]
admitido, -a allowed [I]
adúltero, -a adulterer [III]
adverso, -a contrary [II]
advertir to be aware [I], to warn [III]
afán agony [III]
afilar to sharpen [IV]
afligido, -a afflicted [I]
afligir to afflict [I]
afrenta dishonor [I]
agora = ahora now [I]
agorero diviner [II]
aguardar to wait [II]
agudeza wit [II]
agudo, -a sharp [I]
agüero sign [II]
aguijar to hurry [III]
águila eagle [II]
ahogar to strangle [III]

airado, -a angry [I]
ajeno, -a apart; alien [II]
ala wing [II]
alabar to praise [I]
alarde formation [I]
alargar to extend [I]
alba dawn [I]
albergue meeting place [II]
alborotado, -a agitated [IV]
alcanzar to achieve [I]
al hecho get moving [I]
aliento breath [II]
alivio remedy [I]
allanar to level [I]
allegar to take [II]
alma soul [II]
almena battlement [III]
almete helmet [I]
alojamiento camp [I]
alojar to lodge [I]
alzar (subj.= alce) to raise [IV]
amado, -a beloved [I]
amargamente bitterly [III]
amargo, -a bitter [I]
ameno pleasant [I]
amortajado, -a shrouded [II]
ancho, -a wide [I]
anciano, -a ancient [IV]
andanza fortune [IV]
angustia anguish [III]
ánimo spirit [I]
animoso, -a spirited [I]
aniquilar to nullify [I]
ansí = así in this way; therefore; may you [I]
ansí que therefore [III]
ansia pain [I]
ansimismo, -a = asímismo, -a as well [III]
antes rather [I]
antes de before [III]
antes que (+ subjunctive) before [I]

antiguo, -a old [I]
antojar to anticipate [III]
antojo caprice [I]
aparejar to prepare [II]
aparejo necessity [I]
apartar to depart; to separate [I]
aparte away [I]
apercibido, -a detected [III]
aplacar to pacify [II]
apocar to diminish [I]
aposento chamber [II]
apremiar to urge [II]
apresurar to rush [II]
apretado, -a constrained [IV]
aprobado, -a approved [II]
aprobar to approve [I]
aprovechar to be useful [I]
aquejar to distress [IV]
aquese, -a = ese, -a that [II]
aquesto, -a = esto, -a this/that [I]
arcabuz crossbow [I]
arder to burn [II]
ardid scheme [I]
ardiente burning [I]
ardimiento burning desire [I]
arena sand [I]
arenga, plática de speech [I]
arista straw [III]
arma weapon [I]
arma, tocar al to sound the call to arms [IV]
armado, -a armed [I]
armas arms [I]
arpado, -a harmonious [II]
arraigado, -a deeply rooted [II]
arraigar to take root [I]
arrear to be famed [IV]
arrebatado, -a violent [III]
arrebatar to snatch [II]
arremeter to assault [IV]
arreo adornment [I]
arrepentido, -a repentant [I]

arrimado, -a relying [I]
arrimar to align [IV]
arrimo alignment [I]
arrojado, -a resolved [IV]
arrojarse to propel violently [II]
arroyo brook [I]
arte vocation [I], guile [II]
asaltar to assault [III]
asalto assault [I]
asconder = esconder to hide [III]
asechanza trap [III]
asedio siege [II]
asegurado, -a assured [IV]
asegurar to assure [I]
asido, -a grabbed [II]
asiento place [I]
asir to take [III]
asirse to grab onto [I]
asomar to look out [III]
aspereza sternness [III]
áspero, -a rough[I], severe [II]
aspirar to aspire [IV]
astucia astuteness [II]
atado, -a tied [II]
atapar to cover [II]
atender to pay attention to [IV]
atento, -a attentive [I]
aterrar (pres. ind.= atierra) to destroy [I]
atizar to energize [IV]
atrevimiento daring [IV]
atropellar to batter [I]
audacia courage [IV]
audiencia audience [I]
aumentar to increase [I]
aun even [I], still [II]
aunque even if (+ subjunctive); even though (+ indicative) [I]
aunar to unite [II]
ausentarse to separate [III]
avaro, -a greedy [I]
aventajado, -a outstanding [III]

aventurarse to take a risk [III]
avergonzarse to be ashamed [I]
averiguado, -a proven [II]
avisado, -a warned [II]
avisar to warn [II]
avivar to spur on [II]
ayuntamiento union [I]
azafrán saffron [II]
azotar to whip [II]
azote whip [II]

B

bajo, -a base; bad; low [I]
balde, en in vain [II]
banda military company [II]
bando order [I]
bárbaro, -a (adj.) barbarous [I], extreme [III]
bárbaros (n.) foreigners [I]
barril container [II]
barruntar to foresee [I]
bastar to be enough [I]
bastimento provisions [III]
batalla charging army; battle [I]
batalla, singular hand-to-hand combat [II]
beneficio benefit [II]
benignidad humaneness [IV]
bizcocho biscuit [IV]
blandir to brandish [I]
blando, -a soft [I]
blandura weakness [II]
blasonar to boast [I]
bocací, ropa de buckram suit [II]
bocado morsel [IV]
bondad goodness [I]
borrado, -a eliminated [I]
brasero brazier [II]
bravo, -a brave [I]
brazo arm [I], strength [II]
brío boldness [I]
brocado brocade [III]

burlado, -a mocked [II]
burlar to mock [III]

C

cabellera wig [II]
caber (3rd pers. pret.=cupo) to
    correspond to someone [II]
cabo narrow space; end [II]
calificado, -a judged [I]
callar to remain quiet [I]
camino way [I]
campo camp [I]
campo abierto open field [II]
canalla vile creatures [II]
cano, -a gray hair [II]
carga burden [I], load [III], weight
    [IV]
cargar to burden [I]
cargo charge [III]
carne flesh [II]
carnero ram [II]
caro, -a precious [IV]
carrera running [I], way [III]
castigado, -a punished [II]
caudaloso, -a abundant [I]
caudillo leader [I]
cavar to dig [I]
cebar to attract [I]
celada sallet [IV]
celo intention [I]
ceniza ash [IV]
centinela lookout post [II]
centro abyss [II]
cercado, -a enclosed [II]
cercano, -a close [II]
cercar to enclose [I]
cercenar to cut short [III]
cerco siege [II]
cesar to cease [I]
cesta basket [IV]
cielo heaven [I]
ciencia knowledge [I]

cierto, -a (adj.) certain; true [I], correct
    [III]
cierto (adv.) certainly [I], correctly [IV]
cierto, por certainly [IV]
cinta belt [II]
circunstante present [I]
ciudadano citizen [I]
clara, a la openly [II]
claro, -a bright; clear [I], illustrious [II]
clemencia clemency [II]
cobrar to gain [II]
codicia greed [III]
codicioso, -a greedy [I]
cogido, -a taken [II]
cohete fireworks [II]
colorar to stain [I]
comedia ritual [II]
cometa comet [IV]
compás rhythm [III]
conceder to allow [II]
concedido, -a given [I]
concertado, -a created [I]
concertar to be in agreement [I]
concierto order; agreement [I]
concordia conformity [III]
concubina concubine [I]
condenado, -a damned [I]
condenar to condemn [III]
condición nature [I]
condición, con with the condition [IV]
conducir to guide [I]
confiado, -a satisfied [III]
confiar to trust [II]
confirmar to validate [I]
conjurado, -a conspiratorial [IV]
conjurar to invoke [II]
conjuro incantation [II]
consentir to consent to [II]
consorte spouse [IV]
constancia perseverance [IV]
constante firm [IV]
consuelo consolation [I]

cónsul consul [I]
consumido, -a destroyed [II]
consumidor destroyer [IV]
consumir to destroy [III]
contado, -a numbered [II]
contar to count [II], to recount [IV]
contienda dispute [I], contest [III]
contino (adj.)= continuo frequent [I]
contino (adv.) = continuamente
    continually [I]
contrapuesto, -a opposing [I]
contrario, -a (adj.) adverse [II]
contrario (n.) enemy [III]
convenir to correspond [II]
convertido, -a converted [III]
convertir to transform [IV]
convidar to invite [I]
cordura good judgment [I]
cornudo cuckold [II]
coronado, -a crowned [I]
corresponder to reflect [I], to
    reciprocate [II]
correr to shame [I]
corrida, de quickly [III]
corrido, -a embarrassed [I]
corriente running [III]
corto, -a short [I], scarce [III]
costa, a (de) at the cost of [I]
costar to cost [I]
costumbre habit [I]
cota coat of mail [I]
coyuntura moment [II]
crecer to increase [II]
crecimiento flood [I]
crédito glory [III]
criado, -a reared [I]
criar to produce [I], to raise [III]
crudo, -a cruel [I]
cruel terrible [I], oppressive [III]
crueza cruelty [I]
cuadrar to suit [I]
cual = como like [I]

cuál which one [I]
cual, cada everyone [I]
cual, el/la he/she who [II]
cualque = cualquier, -a whatever [I],
    whomever [III]
cuan how [II]
cuando when [I], even if [II]
cuanto = cuando when [I]
cuanto, -a how much [II], that [IV]
cuantos, -as how many [I], those [IV]
cudicioso = codicioso greedy [III]
cuenta, tener en to consider [III]
cuento, hacer al to be necessary [II]
cuerno horn [II]
cuesta hill [I]
cuidado attention [I]
cuidado, tener to take care [III]
cuidar to be diligent [IV]
cuidar de to take care of [I]
culpa fault [I]
culpar to blame [I]
cumplido, -a realized [I]
cumplir to carry out [III]
curar to cure; to care about [II]
curso course [I]

D

daga dagger [II]
dañado -a injured [II]
dañar to harm [I]
daño injury [I]
daño, en in detriment [II]
deber to be obligated to [II]
decaído, -a in decline [III]
decreto decree [IV]
dél, -lo(s), -la(s)= de él, de ello (s), de
    ella (s) from him/her, it, them [I],
    about it [III]
defensa defense [III]
dejar to allow; to leave [I], to let go [II]
dejar de to stop [II]
demandado, -a requested [I]

demandar to request [IV]
denantes before [IV]
denegrido, -a dark [II]
denuedo, -a determination [IV]
derecho (n.) rule [IV]
derramado, -a spilled [IV]
derramar to spread [I], to spill [III]
derramarse to be dispersed [I]
derribado, -a demolished [III]
derribar to demolish [IV]
desabrido, -a unsavory [III]
desafío duel [II]
desafuero outrage [I]
desamparado, -a abandoned [III]
desatado, -a untied [III]
desatino madness [I]
desbaratar to undo [IV]
descalzo, -a barefoot [II]
descarriado, -a dispersed [IV]
descolorido, -a faded [IV]
desconcierto decomposing body [II]
descreído unbeliever [II]
descuartizar to chop into pieces [III]
descubrir to reveal [I]
descuido neglect [I]
desculpar = disculpar to apologize
    [IV]
desdicha misfortune [II]
desdichado, -a unfortunate [I]
desesperación desperation [III]
desesperado, -a desperate [I]
deshacer to undo [I]
deshambrido, -a very hungry [IV]
deshecho, -a destroyed [I]
deshonra dishonor [III]
deshonrado, -a dishonored [III]
desigual extreme [IV]
desleal traitor [II]
desmandado, -a disobedient [IV]
desmayadamente losing consciousness
    [IV]
desmayo fear [II]

desmover to dislodge [II]
desnudillo naked figurine [IV]
desnudo, -a unsheathed [IV]
desnudo, -a de devoid of [II]
desocupar to leave empty [II]
despecho despair [III]
despedazado, -a torn into pieces [IV]
despojos spoils [III]
deste, -o(s), -a(s) = de este, de esto, -
    a, de estos, -as of this, of these [I]
destino destiny [I]
desvarío madness [I]
desventura misfortune [II]
desvergüenza insolence [I]
desviar to deviate [II]
detener to delay [I]
detenerse to stop [II]
detestado, -a detested [IV]
diabólico, -a diabolical [II]
diamantino, -a hard [III]
dichos words [II]
dichoso, -a fortunate [I]
diestro(s), -a(s) right hand [I], expert
    [II]
diferente divided [I]
difunto, -a dead [III]
digno, -a worthy [IV]
dilatar to delay [II]
diligencia diligence [I]
diligente diligent [IV]
dirigido, -a straight [III]
discordia disagreement [I]
disculpa apology [I]
discurrir to run [IV]
disfrazado, -a disguised [III]
disinio = designio plan [III]
disparar to set off; to scatter [II]
disponer to arrange [I]
dividido, -a divided [I]
do = donde where [I]
do, por how [II]
doblada, palma double victory [II]

doblar to double [II]
dolencia illness [II]
doliente grieving [III]
dolorido, -a in pain [III]
doloroso,-a painful [III]
domado, -a tamed [III]
domar to subdue [III]
donaire witty [III]
doncella maiden [III]
donoso funny [III]
duda uncertainty [II]
duda, sin without doubt [II]
dudoso, -a uncertain [II]
durable lasting [I]
durar to last [I]
duro, -a firm; unbearable [I]

E

echar to cast off [I]
edad age [I]
efeto = efecto impact [IV]
efeto, en in effect [II]
efetuarse = efectuarse to take place [I]
ejecución execution [III]
ejecutar to execute [IV]
ejecutor executors [IV]
ejercitar to exert [I]
ejército army [I]
embajada message [I]
embajador messenger [I]
embarazar to hamper [III]
embarazo obstacle [II], predicament [III]
embebido, -a drunk [I]
embestir to attack [IV]
empecer to offend [III]
empeñar to pledge [IV]
empero = pero however [I]
empresa undertaking [II]
enamorado, -a in love [II]
encantado, -a enchanted [II]
encaminar to head for [II]

encarecer to urge [IV]
encargar to entrust [I], to order [II]
encender to light [II]
encendido, -a lit [III]
encerrado, -a confined [I]
encerrar to confine [I]
encoger to tuck [IV]
encogido, -a constricted [I]
encomendar to entrust [IV]
encubrir to cover up [II]
encumbrado, -a high [IV]
enderezar to obtain [II]
endurecer to harden [II]
enfadar to anger [III]
enfadoso, -a vexatious [III]
engañar to delude [II]
engañarse to be mistaken [II]
engaño deception [I]
engendrado, -a begot [I]
engendrar to give birth to [III]
engrandecer to make greater [I], to exaggerate [III]
enhorabuena all right [III]
enjugar to dry [III]
enmendado, -a repentant [II]
enmendar to correct [I]
enmienda rectification [II]
enriquecer to enrich [I]
ensangrentado, -a bloodied [IV]
ensangrentar to bloody [II]
ensayo test [II]
entender to understand [I], to believe [II]
entendido, -a understood [III]
enternecer to touch [II]
enterrado, -a buried [II]
entestiguar to witness [I]
entrañas entrails [I]
entregado, -a handed over [I]
entregar to hand over [II]
entregarse to occupy oneself [I], to surrender oneself [IV]

entretejido, -a interlaced [III]
entretener to distract [III]
entretenerse to entertain oneself [II]
entretenido, -a distracted [I]
envuelto, -a covered [I]
escabroso, -a harsh [I]
escala ladder [IV]
esclavitud slavery [IV]
escuadrón squadron [I]
escudo shield [IV]
escuro, -a = oscuro, -a unclear; dark
  [II]
esfera sphere [III]
esforzado, -a brave [I]
esforzar to strengthen [III]
esfuerzo valor [I]
espacioso, -a expansive [I]
espantoso, -a horrific [IV]
espectáculo spectacle [III]
esquivarse to back away [II]
esquivo, -a disdainful [II]
estacada, cerrado en in a duel [III]
estado situation [I]
estambre thread of life [III]
estandarte banner [I]
estatuido determined [I]
estatuto statute [I]
estimado, -a esteemed [III]
estorbar to impede [II]
estorbo obstacle [I]
estrecho, en in a tight spot [III]
estremecerse to shake [II]
estruendo din [IV]
eternizar to make eternal [III]
eterno, -a eternal [II]
evitar to avoid [III]
excusar to avoid [II]
experiencia experience [I], experiment
  [II]
expirar to die [III]
extraño, -a singular [I]
extremado, -a excellent [I]

extremo, -a (adj.) extreme [I]
extremo (n.) extreme state [III]

F
fabricado, -a made [III]
fabricar to construct [I]
fabuloso, -a unbelievable [I]
fajina hay [I]
falso, -a deceptive; unfounded [I]
falta fault [I]
faltar to be missing; to falter [I]
fama fame [I]
fatigado, -a fatigued [II]
fatigar to bother [I]
favor favor; help [I]
favorecer to aid [I]
fee = fe faith [III]
fe, a in truth [IV]
femenil femenine [I]
fementido traitor [II]
fenecer to end [II], to die [III]
fénix phoenix [I]
ferocísimo fiercest [IV]
feroz, -ces fierce [I]
fértil fertile [I]
fiado, -a confident [III]
fiar to trust [II]
fiera (n.) beast [III]
fiero, -a (adj.) menacing; excessive [I]
fiero (n.) threat [IV]
filo blade [III]
fin end [I]
fin, al in the end [I]
fin, en in sum [II]
finir to die [III]
fino, -a fine [I]
firmemente firmly [II]
flaco, -a weak [I]
flojedad laziness [I]
floreciente flourishing [IV]
fogoso, -a fiery [III]
forma, en certainly [III]

fortaleza resolve [I]
fortuna luck [I], fortune [III]
forzado, -a obligated [I]
forzar to force [II]
forzoso, -a necessary [III]
foso ditch [I]
franco, -a open [II]
frenar to halt [I]
freno brake [I], bit [III]
frente face [IV]
fuera (adv.) outside [I]
fueros legal codes [I]
fuerza courage; influence; troops [I], strength [III]
fugitivo fleeing [I]
fundado, -a founded [I]
fundar to build [I]
furia fervor [I]
furor frenzy [I]
furioso, -a raging [I]

G
gallardía elegance [IV]
ganado, -a (adj.) won [III]
ganado (n.) herd [III]
ganancia victory [I]
ganancia, hacer to benefit from [III]
gavia main topsail [I]
gentil dignified [I]
gesto face [II]
gloria glory [I], pleasure [II]
gobierno, mal hunger [II]
golosidad appetite [I]
gozado enjoyed [III]
gozar to enjoy [II]
grado, de voluntarily [IV]
granjeado, -a achieved [III]
grato, -a gracious [I]
guadaña scythe [IV]
gusto pleasure [II]

H
haber de + infinitivo (ha de, has de, he de) = ir a (future) will do something [I],
= tener que (obligation) must do something [II]
haces troops [I]
hacienda property [I]
hado fate [I]
hambriento, -a hungry [III]
hartar to satisfy [III]
harto, -a much [II]
hazaña feat [I]
hechicería sorcery [II]
hechicero sorcerer [I]
henchir to stuff [III]
heraldo herald [II]
heredar to inherit [IV]
heredero heir [IV]
herir to strike [II]
hierro iron [I]
hijuelo son [III]
hilo thread [II]
hoguera bonfire [III]
holgar to be pleased [I]
homicida (adj.) homicidal [IV]
homicida (n.) killer [II]
hondo, -a deep [I]
honradamente honorably [II]
honrado, -a honorable [I]
honroso, -a honorable [II]
horrendo, -a horrific [I]
hueco hole [II]
huir to flee [I]
humedecer to moisten [I]
húmido, -a = húmedo, a moist [III]
humilde humble [I]
humo smoke [II]

I
igual equal [III]
igualar to equal [I]

ilusión illusion [II]
ilustre illustrious [I]
impedir to block [III]
importado, -a mattered [III]
importar to matter [I]
importunar to harass [I]
importuno, -a displeasing [III]
impresa = empresa undertaking [III]
incendio fire [IV]
incienso incense [II]
incierto, -a doubtful [IV]
incitado, -a provoked [IV]
incitar to provoke [I]
inclemencia mercilessness [III]
inclinado, -a stooping [IV]
ínclito, -a illustrious [I]
incontrastable uncontestable [IV]
indicio sign [I]
indignado, -a exasperated [I]
indigno, -a inferior [III]
indomable rebellious [IV]
indómito, -a unsubmissive [IV]
industria ingenuity [IV]
infame infamous [I]
infando, -a abominable [II]
infeliz unhappy [III]
inferir to infer [IV]
infirir = inferir to infer [II]
influencia celestial influence [I]
ingenio ingenuity [III]
injuria offense [I]
injusticia immoral conduct [I]
inmenso, -a boundless [II]
insano, -a hostile [II]
insinia = insignia emblem [I]
instancia insistence [I]
instancia, hacer to make an appeal [IV]
instituído, -a established [I]
insufrible insufferable [I]
intención plan [II]
intentar to attempt [I]
intento intention [I]

invicto, -a unconquered [IV]
invocar to invoke [II]
ira rage [II]

J

jactancia boasting [IV]
jirón pennant [I]
jornada act [I], difficult undertaking [III]
justa (n.) joust [II]
justicia legal code [I]
justo, -a (adj.) legitimate [I], appropriate [II]

L

lamentable unfortunate [II], miserable [IV]
lamento cry [I]
lana wool [II]
lanza lance [I]
lascivia lust [I]
laso, -a weary [IV]
lastimado, -a hurt [IV]
lastimero, -a wretched [II]
lastimoso, -a pitiful [IV]
lecho bed [I]
ledo, -a joyful [I]
lengua tongue [I]
leña firewood [II]
leño wood [III]
licencia permission [I]
licencioso, -a wild [III]
liebre hare [III]
ligereza speed [IV]
ligero, -a quick [II], light [III]
linfas waters [I]
lista list [I], line [III]
liviano, -a frivolous [I], light [II], trivial [III]
llaga wound [II]
llama flame [I]
llano, -a (adj.) smooth [I], simple [IV]

llano (n.) plains [I]
llanto cry [II]
loable laudable [III]
loar to praise [III]
lozano, -a proud [I]
luciente shining [I]
luego now [I]
luego luego immediately [IV]
lustroso, -a shiny [I]

M

macilento, -a emaciating [II]
magnánimo, -a great [IV]
mal, -o, -a (adj.) bad [II]
mal (adv.) badly [I]
mal (n.) ill [II]
mal seguro, -a unsure [II]
maldad evil [I]
maldecir to curse [IV]
malicia vice [I], spite [II]
maligno evil [II]
malino = maligno evil [II]
malla coat of mail [III]
malvado villain [II]
mamar to suck [III]
maña guile [III]
mandado (n.) order [III]
mandamiento command [I]
mando rule [I], command [II]
maraña trick [III]
marcial military [I]
margen edge [I]
mas but [I]
más more; most [I]
más, de hoy from this day forth [I]
más que more than [I]
máscara mask [IV]
medio (adj.) half [II]
medio (n.) the means [II]
medio, en in the middle [II]
medio, por through [IV]
medir (e-i) to moderate [II]

mejora enhancement [III]
menester, es is necessary [I]
menesteroso, -a needy [I]
mengua disgrace [II]
menguar to diminish [III]
meretriz prostitute [I]
mesmo, -a = mismo, -a self [I]
mílite soldier [IV]
millares thousands [I]
mínimo sole [I]
ministrado, -a supplied [III]
mísera miserable [II]
miseria misery [II]
misericordia mercy [III]
mocedad youth [III]
momento, al immediately [III]
montones, a in abundance [I]
morada abode [II]
mortal hostile [I], fatal [II]
motín rebellion [IV]
mover to move forward [II]
muchedumbre great numbers [III]
mudanza change [I]
mudar to change [I]
mudo, -a deaf [II]
muestra, dar to give the sign [I]
muleta crutch [IV]
munición ammunition [I]
muralla wall [I]
muro wall [I]

N

nave ship [I]
necesitado, -a needy [III]
negar to deny [I]
nido nest [I]
ninfa nymph [I]
nombradía fame [III]
noticia knowledge [I]
notorio, -a patent [II]
nueva (n.) news [II]

O

obedecer to obey [I]
oblación offering [II]
obscurecer to darken [I]
obscuro dark [I]
ocasión opportunity; cause [I]
ofendido, -a degrading [III]
ofensa offense [I]
oficio job [I], rank [IV]
ofrenda offering [III]
oliva olive [II]
olor odor [I]
opinión reputation [I], opinion [IV]
oprimido, -a oppressed [I]
oprimir to oppress [I]
ora...ora whether...or [III]
orbe sphere [IV]
ordenado, -a determined [I]
ordenar to arrange [II]
oriente east [II]
osadamente boldly [IV]
osado, -a bold [I]

P

padecido, -a suffered [III]
paga punishment [II], payment [IV]
pago, dar to give punishment [II]
palma victory [II]
paño cloth [IV]
parecer = aparecer to appear [I]
parecer to seem [II]
parecerle a alguien to seem good to one
    [I]
parecer (n.) opinion [II]
partido deal [I]
partir to leave [II]
pasión suffering [I]
paso (adv.) softly [III]
paso (n.) passage [II], step [IV]
paso, a este in this way [I]
paso, mover el to move forward [II]
patente clear [II]

patria homeland [II]
paz (pl. paces) peace [I]
pena punishment [I], pain [II]
pena, so under penalty [I]
penado, -a condemned [II]
penoso, -a distressing [II]
peña rock [I]
perdonar to pardon [IV]
perecer to perish [IV]
pereza idleness [I]
perezoso, -a lazy [I]
pérfido, -a faithless [II]
perseguir to pursue [II]
pertinaz evil [III]
perverso, -a corrupt [II]
pesado, -a heavy; sad [I]
pesar, a against one's will [I]
peso weight [II]
peste plague [II]
pestífero, -a foul [II]
pestilencia destruction [III]
petición demand [II]
piadoso, -a merciful [IV]
piedad mercy [IV]
pío, -a merciful [IV]
placer (3rd per. pret.=plugo, past subj.=
    plugiera) to please [I]
planta foot [I]
plática speech [II]
plático = práctico experienced [III]
poderío power [II]
poderoso, -a powerful [II]
polvo dust [I]
polvos, hecho burned [II]
poniente west [II]
por do = por donde where [I]
por do =de qué manera a way that [II]
por cierto certainly [IV]
por si acaso in case [II]
porfia obstinacy [I], demand [IV]
porfiar to persevere [III]
porque (+ indicative) because [I]

porque = para que (+ subjunctive) so that [I]

portillo gate [I]

postrera, edad posterity [II]

postrero, -a last [II], final [III]

postrimero, -a final [I]

potencia power [IV]

prado meadow [I]

preciado, -a valuable [IV]

preciarse to boast [IV]

precipitarse to throw oneself [I]

pregonero, -a proclaimer [IV]

preminente = preeminente superior [I]

prenda sign [III]

presagio omen [II]

presea article [III]

preso, -a captive [III]

presteza quickness [IV]

presto, -a (adj.) ready [I], quick [II]

presto (adv.) quickly [I]

presupuesto intention [III]

presuroso quick [II]

pretender to intend [I]

prevenir to perceive; to anticipate [I]

priesa = prisa speed [II]

primero, -a (adj.) first [I]

primero (adv.) first [I]

primero que before [II]

primor delicacy [I]

principio beginning [I]

privado, -a deprived [I]

privar to deprive [IV]

probar to witness [I], to test [II]

procurar to attempt [III]

prodigio phenomenon [II]

profecía prophecy [I]

profundo, -a (adj.) deep [II]

profundo (n.) the depths [I]

pronosticar to predict [II]

propicio, -a favorable [II]

propincuo, -a near [III]

proseguir to continue [III]

provecho benefit [I]

provecho, de advantageous [I]

provechoso, -a advantageous [I]

provocar to provoke [IV]

puesto que=aunque even though (+ indicative); even if (+ subjunctive) [I]

pujanza strength [III]

punta tip [I]

punto, al now [I]

punto, en un immediately [I]

Q

quebranto affliction [III]

quebrar to break [II]

quedo, -a (adj.) still [III]

quel= que el that the [III]

querella grievance [I]

querido, -a beloved [I]

quicio, salir de to disturb [I]

quies = quieres (you) want [II]

quietud calm [III]

quimera illusion [I]

quitar to take away [I]

quizá perhaps [I]

R

rabia rage [II]

rabioso, -a violent [III]

rancor = rencor resentment [IV]

raro, -a singular [III]

rasa, campaña open battle [III]

raya, a at bay [II]

rayo lightning [II]

razón reason [II], message [III]

razonar to speak reasonably [I]

razones arguments [I]

recado, a buen in a safe place [III]

recelar to suspect [III]

recio, -a strong [IV]

recoger to gather; to contain [I]

recompensa repayment [I]
redomilla vessel [II]
redonda, a la around [II]
reducido, -a led [I], returned [IV]
reducir to return [I]
refrenar to restrain [I]
regazo lap [IV]
regido, -a guided by [I]
reglado, -a controlled [I]
rehén hostage [III]
rehuir to avoid [I]
reinar to reign [II]
reino kingdom [I]
relación report [II]
reluciente brilliant [IV]
relucir to shine [I]
remate conclusion [IV]
remunerar to repay [I]
rendido, -a defeated [I]
rendir to defeat [III]
reñido, -a hard-fought [I]
reñir to exercise [I]
renovar to renew [I]
repartir to distribute [II]
reposo tranquility [I], repose [II]
reposo, yacer to be buried [IV]
repreendido = reprendido
    reprimanded [I]
reprimir to contain [I]
reservado, -a exempt [I]
resina resin [I]
respirar to breathe [I]
retirarse to retreat [I]
reventar to burst [I]
revivir to revive [II]
revocar to revoke [II]
revoltoso, -a rebel [III]
revolver to turn [I], to revisit [III]
revuelto, -a (adj.) far and wide [IV]
revuelta (n.) revolt [III]
riachuelo stream [I]
ribera shore [II]

rienda corta tight rein [I]
rigor severity; harsh force [I],
    ruthlessness [III]
riguroso, -a cruel [II]
risa laughter [II]
roca rock [I]
rociar to sprinkle [II]
rodeado, -a surrounded [III]
rodear to surround [I], to ride around
    [IV]
rodela round shield [IV]
rodeo, marcial circling in battle [II]
roer to gnaw [III]
rogar to beg [I]
romper to break [I], to cross [II]
ropa suit [II], household objects [III]
rosado, -a rosy [III]
rostro face [I]
rubí ruby [III]
ruciar=rociar to sprinkle [II]
ruego (n.) plea [III]
rumor murmur [II]

S
saber (n.) knowledge [I]
sabor flavor [I]
sacro, -a sacred [II]
sagaz clever [IV]
sagrado, -a sacred [IV]
saltar to jump [III]
saltar = asaltar to assault [III]
salvar to save [III]
sangriento, -a bloody [I]
sanidad health [III]
sano, -a sincere [I]
santo, -a holy [I]
sazón moment [IV]
sazón, a ready [II]
secuaz (pl. -ces) follower [IV]
sediento, -a thirsty [IV]
segar to cut [II]
seguridad security [III]

seguro, -a (adj.) certain; safe [I]
seguro (adv.) safely [II]
seguro (n.) safety [III]
seguro, campo open field [II]
seguro, con document of safe-conduct [I]
selvatiquez savagery [III]
semblante expression [I]
seña sign [I]
señal sign [I]
señalado, -a marked [II]
señalar to call on [I]
senda path [IV]
seno interior; depth [I], breast [II]
sentencia decision [II]
sepoltura = sepultura tomb [II]
severo, -a harsh [IV]
sien temple [III]
signo sign [II]
siguro, mal = seguro, mal unsure [III]
simple good [IV]
simpleza simplicity [II]
sincero, -a earnest [II]
siniestro, -a detrimental [III]
sino (n.) fate [II]
soberano supreme [II]
soberbia (n.) arrogance [I]
soberbio, -a (adj.) arrogant [IV]
solo, -a (adj.) only; alone [I]
sólo (adv.) only [I]
soltar to loosen [II]
son (n.) sound [III]
sonar to sound [III]
sosegado, -a calm [II]
sosegar to calm [II]
sosiego calm [II]
sostener to hold [IV]
subido, -a elevated [III]
sudar to sweat [III]
suelto, -a agile [I]
suerte way [I], fortune [II]
suerte, por by chance [IV]

sufrir to tolerate [I]
sujeción link [I], submission [IV]
sujetar to subjugate [I]
sujeto, -a subject [I]
suplicar to beg [I]
suspenso, -a perplexed [I]
suspiro sigh [IV]
sustentado, -a sustained [IV]
sustentar to sustain [III]
sustento food [III]

T
tabla floorboard [II]
tablado stage [II]
tálamo nuptial bed [III]
tamaño, -a great [I]
tanto (adv.) so much [I]
tanto, -a (adj.) so many [I]
tanto, en while [I]
tapar to cover [II]
tapete covering [II]
tardanza delay [II]
tardar to delay [I]
tasar to reduce [IV]
tea torch [II]
temblar to tremble [I]
temer to fear [I]
temerario, -a rash [I]
temeroso, -a frightening [IV]
temido, -a feared [I]
temor fear [I]
templar (pres. ind.= tiempla) to control [I]
tender to extend; to unfurl [I]
tendido, -a unfurled [I], lying [IV]
tener de= tener que must do something [II]
teñido, -a dyed [II]
término state; end [I]
términos, a/en in such a state [I]
testigo witness [I]
tez (pl. –ces) skin [I]

tiempo, a on time [II]
tienda tent [I]
tierno, -a sweet [II], soft [IV]
tino good sense [I]
tirano tyrant [I]
título right [I]
tocar to sound the signal; to concern
    (oneself with); to touch [I]
topar to run into [III]
torcer (pres. subj.=tuerza) to stray [IV]
torcido, -a sinuous [I]
tornado, -a transformed [IV]
tornar to return [I], to turn [II]
torpe dishonorable [I]
trabado, -a established [I]
trabajoso, -a oppressive [I]
tragar to swallow [III]
traidor traitor [II]
trance battle [II], moment [III]
traspasado, -a pierced [IV]
traspasar to pierce [IV]
tratar to arrange; to discuss [I], to treat
    [IV]
trato conduct [I], deal [III]
traza plan [I]
trincheado, -a entrenched [III]
trinchea trench [I]
trocado, -a false [II]
trofeo trophy [I], spoils of war [III]
trompa horn [I]
trompeta trumpet [III]
tropel, en in a mad rush [II]
turbado, -a confused [I]
turbar to confuse [II]

U
usado, -a customary [I]

V
valer to aid [II], to be worth [IV]
valeroso, -a courageous [I]
valiente valiant [I]

valor courage; worth [I]
vano, -a futile; arrogant [I]
vano, en in vain [III]
vasallo vassal [I]
vasija vessel [III]
vedar to prevent [II]
vela sail [I]
velar to keep watch [II]
veloz fast [I]
vencedor, -a winner [II]
vencer (pres. subj.= venza) to defeat [I]
vencido, -a defeated [I]
veneno poison [IV]
vengado, -a avenged [III]
vengar to take revenge [I]
ventaja advantage [III]
ventura good fortune [I], risky
    enterprise [II]
ventura, por by chance [II]
venturoso, -a fortunate [III]
veras trustworthy [I], earnestness [II]
veras, de earnestly [I]
veras, hablar con to get angry [II]
verdugo executioner [III]
vergüenza shame [I]
verter to spill [I]
vertido, -a spilled [III]
vía way [II]
vicio vice [I]
vil vile [II], disgraceful[IV]
villano villain [III]
vista military review [I], audience [III]
vistoso, -a bright [I]
vitoria = victoria victory [I]
vituperar to condemn [II]
voces, a loudly [I]
voluntad will [I]
volver to turn [I], to return [II]
volverse to become [III]
voto pledge [I]
vuelo flight [III]
vuelto, -a (adj.) transformed [IV]

vuelta (n.) curve [I]
vuelta, dar la to turn [III]

Y
yacer to lie [I]
yedra ivy [II]

yerrar to err [IV]
yerro mistake [I]
yerro = hierro iron [II]
yerto on end [II]
yugo yoke [I]

CPSIA information can be obtained at www.ICGtesting.com
Printed in the USA
LVOW041615021011

248766LV00001B/109/P